Adrian Loretan-Saladin · Toni Bernet-Strahm

Das Kreuz der Kirche mit der Demokratie

T0122549

T V Z

Adrian Loretan-Saladin
Toni Bernet-Strahm (Hrsg.)

Das Kreuz der Kirche mit der Demokratie

Zum Verhältnis von katholischer Kirche
und Rechtsstaat

EDITION **N Z N**

BEI **T V Z**

Theologischer Verlag Zürich

Die Deutsche Bibliothek – Bibliografische Einheitsaufnahme
Die Deutsche Bibliothek verzeichnet diese Publikation in der Deutschen
Nationalbibliografie; detaillierte bibliografische Daten sind im Internet
über <http://dnb.ddb.de> abrufbar.

ISBN-10: 3-290-20028-0
ISBN-13: 978-3-290-20028-2

Umschlaggestaltung: www.gapa.ch gataric, ackermann und partner, Zürich
Satz und Layout: Claudia Wild, Stuttgart
Druck: ROSCH-BUCH GmbH, Scheßlitz

© 2006 Theologischer Verlag Zürich
www.tvz-verlag.ch

Inhaltsverzeichnis

Vorwort

Gretchen fragte Faust bekanntlich: «Nun sag, wie hast du's mit der Religion?» Heute würde sie die Frage anders stellen. Sie würde einen Religions- oder Kirchenvertreter (einen Imam oder einen katholischen Bischof) mit einer ähnlich klingenden Formulierung konfrontieren: «Nun sag, wie hast du's mit der Demokratie und den Menschenrechten?»

Die Beiträge der vorliegenden Publikation entstanden für eine gemeinsame Tagung der Professur für Kirchenrecht und Staatskirchenrecht der Universität Luzern und des RomeroHauses Luzern zur Thematik «Das Kreuz der Kirche mit der Demokratie» am 29. Oktober 2005. Wenn heute in der Gesellschaft die Suche nach Religion wieder neu aufgebrochen ist, so ist zu hoffen, dass auch in den Religionen die gesellschaftliche Einsicht in den Wert der Demokratie und der Menschenrechte Einfluss gewinnt. Es lässt sich im Blick auf die abendländische Geschichte nicht leugnen, dass das Verhältnis von Religion und Demokratie heikel ist. Hier Offenbarungen von Wahrheiten, dort Mehrheit von Meinungen, hier verpflichtende Wahrheitsansprüche, dort verpflichtende Verfahrensweisen. Die Präsenz neuer Religionsgemeinschaften stellt zudem alte Fragen neu. Die Tagung hat am Beispiel der Katholischen Kirche aufgezeigt, wie komplex sich das Verhältnis von Religion und staatlicher Macht in der neuzeitlichen Geschichte und speziell in der Schweiz entwickelt hat. Und sie hat gezeigt, wie viele Konflikte der Vergangenheit in unsere Situation heute noch hineinwirken.

Die Tagung hat deshalb einerseits Fragen an den demokratischen Staat gestellt: Welche Herausforderungen für ein friedliches und menschengerechtes Zusammenleben ergeben sich im Blick auf das spezifisch schweizerische staatskirchliche Verhältnis der Kantone zu den Landeskirchen und anderen Religionsgemeinschaften?

Wie werden neue Religionsgemeinschaften (zum Beispiel muslimische) in unsere schweizerische Gesellschaft und die Rechtsordnungen der Kantone integriert?

Die Tagung hatte aber andererseits auch an die katholische Kirche (stellvertretend für andere Bekenntnisse und Religionsgemeinschaften) Fragen zu stellen. Hat das Kirchenrecht die ziemlich genau vor 40 Jahren erschienene Erklärung über die Religionsfreiheit «Dignitatis humanae» bereits ernst genommen? Müsste eine Umsetzung dieses auch am Konzil umstrittenen, aber schliesslich deutlich mit 2308 Ja gegen 70 Nein bei 8 ungültigen Stimmen angenommenen Dokuments nicht grössere Umwälzungen in der katholischen Kirche in Richtung Demokratie und Partizipation hervorrufen? Was heisst zum Beispiel der Untertitel dieser Erklärung für aktuelle Fragen: «Das Recht der Person und der Gemeinschaft auf gesellschaftliche und bürgerliche Freiheit in religiösen Belangen»? Müssten die Kirchen die Menschenrechte auch für ihre eigenen Strukturen als gültig anerkennen? Was hätte die katholische Kirche aus der Entwicklung des modernen Rechtsstaats zu lernen?

Prof. Dr. Adrian Loretan zeigt – nach einer einleitenden Klärung der Problemstellung – in einem geschichtlichen Überblick von der Französischen Revolution bis zu Benedikt XVI., wie mühsam die römisch-katholische Kirche sich in ihrer Lehre zu einem Ja zum demokratischen Rechtsstaat und seinen Grundrechten durchrang.

Der derzeitige Präsident des Schweizerischen Bundesgerichts, Dr. Giusep Nay, erläutert das Verhältnis zwischen Kirche (bzw. Religionsgemeinschaft) und Staat in der Schweiz, das durch die Ausgestaltung einer sogenannten öffentlich-rechtlichen Anerkennung geprägt ist. In der Schweiz räumt der Staat, dessen Grundlage und Schranke das Recht ist, also als Rechtsstaat, den Religionsgemeinschaften als öffentlich anerkannten Körperschaften ein Selbstbestimmungsrecht und spezielle hoheitliche Befugnisse ein (wie z. B. das Recht, Steuern einzuziehen), sichert aber ab, dass von diesen Befugnissen nur in einem rechtsstaatlichen und demokratischen Sinn Gebrauch gemacht wird. Das ist weder Einmischung noch einfach die Eröffnung eines rechtsfreien Raums für die Religionsgemeinschaften. Deshalb stellen sich zum Beispiel bei der Stellung der Frau in der römisch-katholischen Kirche menschenrechtliche

Fragen der Gleichstellung, wie Professor Loretan im Anschluss an eine Dissertation von Dr. Stella Ahlers[1] darstellt.

Daniel Kosch stellt diese öffentlich-rechtliche Anerkennung als komplexes Zusammenspiel von kirchenrechtlichen und öffentlich-rechtlichen Strukturen dar. Für beide Akteure, Kirche und Staat, eröffnen sich in diesem Miteinander Chancen und neue Lernfelder, die eine Herausforderung für die Zukunft darstellen. Nur bei gegenseitiger Lernbereitschaft können Kirche und Demokratie in Zukunft miteinander friedvoll und mit Gewinn für die Gesellschaft zusammenwirken. Letztlich kann so der Staat demokratische Abläufe und Menschenrechte in der Kirche (und in Religionsgemeinschaften) fördern, muss dafür aber der Kirche Religionsfreiheit gewähren und sie in ihrem ureigenen Dienst an der Gesellschaft unterstützen.

All diese Fragen haben mit einer intellektuellen Veränderung zu tun, wie sie innerhalb der Dokumente des Zweiten Vatikanischen Konzils am deutlichsten in der Erklärung über die Religionsfreiheit zum Ausdruck kommt. Diese neuen ethischen Einsichten in die Religionsfreiheit mit ihren Folgen für das Wahrheitsverständnis der katholischen Lehre und die Praxis der Toleranz anderen Religionen gegenüber werden das zukünftige Handeln der Kirche, auch im Bereich des Kirchenrechts, noch vielfältig verändern.

Dr. Toni Bernet-Strahm, Leiter RomeroHaus Luzern

---

[1] Stella Ahlers, Die Stellung der Frau in Staat und Kirche – ein problematisches Spannungsverhältnis (ReligionsRecht im Dialog, Bd. 2, hrsg. von Adrian Loretan), Münster 2006.

Einleitung

Adrian Loretan, Luzern

Jede rechtliche Ordnung eines Rechtsstaates entsteht durch eine Auseinandersetzung darüber, was Recht sein soll. Das innerstaatliche Recht entsteht durch die Gesetzgebung in den Parlamenten, wo gleichberechtigte Parlamentsmitglieder miteinander debattieren.[1] Wie können sich Religionsgemeinschaften in rechtsstaatlichen, pluralistischen Gesellschaften einbringen? Warum sollen religiös oder weltanschaulich sich verstehende Menschen oder religiös sich interpretierende Institutionen (wie z. B. die Kirchen) sich auf säkulare, weltliche Rechtsstaaten einlassen?

Einerseits hat der Philosoph Jürgen Habermas verschiedentlich die Religionsgemeinschaften aufgefordert, sich mit dem säkularen Rechtsstaat auseinanderzusetzen: Denn «religiöse Lehren, die dem Staat einmal die sakralen Grundlagen seiner Legitimation bereitgestellt hatten, verarbeiten den Zwang zur Entpolitisierung, indem sie aus ihrer Binnenperspektive das Verhältnis der religiösen Gemeinde (a) zum liberalen Staat, (b) zu anderen Religionsgemeinschaften und (c) zur säkularisierten Gesellschaft im Ganzen neu bestimmen.»[2]

Andererseits hat der christliche Glaube «die Idee der politischen Theokratie aufgehoben. Er hat – modern ausgedrückt – die Weltlichkeit [die Säkularität] des Staates hergestellt, in dem die Christen mit Angehörigen anderer Überzeugungen in Freiheit zusammenle-

---

[1] Vgl. Paul Richli, Wo bleibt die Gerechtigkeit? Antworten aus Theologie, Philosophie und Rechtswissenschaft (Luzerner Beiträge zur Rechtswissenschaft, hrsg. von Jörg Schmid), Zürich 2005.

[2] Jürgen Habermas, Intoleranz und Diskriminierung, in: Aram Mattioli, Markus Ries und Enno Rudolph, Intoleranz im Zeitalter der Revolutionen. Europa 1170–1848 (Kultur – Philosophie – Geschichte Bd. 1, hrsg. von A. Mattioli und E. Rudolph), Zürich 2004, 43–56, 48.

ben, zusammengehalten freilich von der gemeinsamen moralischen Verantwortung, die sich aus dem Wesen des Menschen, aus dem Wesen der Gerechtigkeit ergibt. Davon unterscheidet der christliche Glaube das Reich Gottes, das in dieser Welt nicht als politische Wirklichkeit existiert und nicht existieren kann.»[3]

Der neomarxistische[4] Philosoph und der inzwischen zum Vorsteher der römisch-katholischen Kirche gewählte Kardinal, Papst Benedikt XVI., haben in der Katholischen Akademie in Bayern gemeinsam über die vorpolitischen moralischen Grundlagen eines freiheitlichen Staates gesprochen. Damit haben zwei gewichtige Vertreter einer Weltanschauung[5] und einer Religionsgemeinschaft, die noch im 20. Jahrhundert aus unterschiedlichen Gründen den liberalen Rechtsstaat ablehnten, das Gespräch auf der Grundlage eben dieses freiheitlichen Rechtsstaates miteinander gesucht.[6]

Einen Meilenstein in dieser Entwicklung setzte das Zweite Vatikanische Konzil mit der «Erklärung über die Religionsfreiheit» (7. Dezember 1965). Das Konzil hat damit ein neues Kapitel im Verhältnis von Staat und Kirche aufgeschlagen. Neue Themen beschäftigen seither die Theologie und die Kirchenrechtswissenschaft:

---

[3] Joseph Kardinal Ratzinger, Auf der Suche nach dem Frieden, in: ders., Werte in Zeiten des Umbruchs. Die Herausforderungen der Zukunft bestehen, Freiburg i. Br. 2005, 123–137, 136.

[4] «Ich erschrak, als mich mein Freund Apel zum ersten Mal öffentlich einen Neomarxisten nannte»: Rolf Wiggershaus, Jürgen Habermas, Reinbeck bei Hamburg 2004, 38.

[5] Der Staatssozialismus «hat das sozialistische Projekt mit dem Entwurf – und der gewaltsamen Durchsetzung – einer konkreten Lebensform verwechselt. Wenn man jedoch ‹Sozialismus› als Inbegriff notwendiger Bedingungen für emanzipierte Lebensformen begreift, über die sich die Beteiligten *selbst* erst verständigen müssen, erkennt man, dass die demokratische Selbstorganisation einer Rechtsgemeinschaft den normativen Kern auch dieses Projekts bildet.» Jürgen Habermas, Faktizität und Geltung. Beiträge zur Diskurstheorie des Rechts und des demokratischen Rechtsstaates, Frankfurt a.M. 1992, 12.

[6] zur debatte, Themen der Katholischen Akademie in Bayern 34 (2004), Heft 1/2004; hier die Stellungnahmen von Professor Dr. Jürgen Habermas (2–5) und Joseph Kardinal Ratzinger (5–7).

Konfliktgeschichte von Kirche und Demokratie

Bis weit in das 20. Jahrhundert galt die Demokratie für die Kirchen nicht als die ideale Staatsform. Seit der Erklärung über die Religionsfreiheit hat die katholische Kirche versucht, ein neues Verhältnis zu den Prinzipien von Demokratie und Öffentlichkeit zu entwickeln. Sie versteht sich selbst heute als Teil der demokratischen Zivilgesellschaft, als «Grossbewegung zur Verteidigung und zum Schutz der Würde des Menschen» (Johannes Paul II.).

Menschenrechte in den Kirchen?

Papst Johannes XXIII. hat die Allgemeine Erklärung der Menschenrechte von 1948 in der Enzyklika «Pacem in terris» 1963 ins kirchliche Denken aufgenommen. Der Präsident des Schweizer Bundesgerichts, Giusep Nay, zeigt sich erstaunt, dass die katholische Kirche im eigenen Bereich die Menschenrechte nicht umsetzt, die sie nach aussen einfordert.[7] Welche Konsequenzen hat dies für die europäische Rechtsprechung, für die Schweizer Kirchgemeinden und für die Pfarreien?

«So unzweifelbar der Gedanke der Menschenrechte sich [u. a.] unter christlichem Einfluss entwickelt hat, so unzweifelbar ist zugleich, dass er gegen erheblichen kirchlichen Widerstand durchgesetzt werden musste»,[8] so der evangelische Bischof Wolfgang Huber aus Berlin. Lassen sich Glaubenswahrheiten einerseits und subjektive Freiheitsrechte andererseits in den Kirchenordnungen theologisch verbinden?

Welche Rolle spielt der Staat? Nimmt er durch die Gewährung von kollektiven Rechten Partei für die Religionsgemeinschaften?

---

[7] Giusep Nay, Die Kirche und die Menschenrechte, in: Bulletin der Europäischen Gesellschaft für katholische Theologie 15 (2004) Heft 2, 289–291.

[8] Wolfgang Huber, Menschenrechte – Christenrechte, in: Recht nach Gottes Wort. Menschenrechte und Grundrechte in Gesellschaft und Kirche, im Auftrag der Synode der Evang.-Reformierten Kirchen in Nordwestdeutschland hrsg. vom Landeskirchenvorstand, Neukirchen-Vluyn 1989, 82–99, 82.

Oder erlaubt er den Mitgliedern der Religionsgemeinschaften, selbst zu definieren, was ihre kulturelle und religiöse Identität ausmacht? Rechtlich ausgedrückt heisst das: individuelle contra kollektive Religionsfreiheit.

Kirchenaustritt

In modernen Gesellschaften können Kirchen ihren Glauben nur durch Zustimmung der Mitglieder von einer Generation an die nächste weitergeben. Kirchenzugehörigkeit ist gemäss der Bundesverfassung freiwillig (Art. 15 Abs. 4 BV). Ob jemand dazu gehören will, ist eine persönliche Entscheidung. Menschen sind überzeugt, dass sie mit ihrem Glauben ein sinnvolles Leben entwerfen können. Dieses Begleiten und Suchen von Menschen ist Seelsorge.

Gleichstellung der Frau in der Kirche

Das Zweite Vatikanische Konzil formuliert, es gebe «in Christus und in der Kirche keine Ungleichheit aufgrund von Rasse und Volkszugehörigkeit, sozialer Stellung oder Geschlecht.» (LG 32). Daher müsse «jede Form einer Diskriminierung ... beseitigt werden, da sie dem Plan Gottes widerspricht» (GS 29). Bei der Gleichstellung von Mann und Frau in den kirchlichen Ämtern hat diese Entwicklung allerdings noch nicht stattgefunden. Doch auf Dauer wird sich die Kirche der rechtlichen Entwicklung nicht entziehen können, will sie die jungen Frauen – und mit ihnen die Weitergabe des Glaubens an die nächste Generation – nicht verlieren.

Vision: friedliches Zusammenleben der Religionen

Für ein friedliches Zusammenleben von Katholikinnen, Protestanten und Musliminnen, von nichtreligiösen Menschen und religiösen Fundamentalisten sind die Religionsgemeinschaften herausgefordert, in Dialog zu treten mit der freiheitlich-demokratischen Rechtskultur. Die Kirchen müssen ihr Verhältnis zum liberalen Staat, zu anderen Religionsgemeinschaften und zur zunehmend säkularen Gesellschaft neu bestimmen. So kommt es vor,

- dass in französischen, katholischen Privatschulen muslimische Mädchen ihr Kopftuch tragen, während sie in staatlichen Schulen ohne Kopftuch zur Schule gehen müssen;
- dass der Papst sich für den Religionsunterricht der Muslime in deutschen staatlichen Schulen einsetzt;[9]
- dass der Schlussbericht der Arbeitsgruppe Staat – Kirchen/ Glaubensgemeinschaften der Totalrevision der Luzerner Staatsverfassung die rechtliche Möglichkeit der Anerkennung weiterer Religionsgemeinschaften vorsieht, trotz oder gerade wegen der Beteiligung der Kirchen.

Die Erklärung der Religionsfreiheit des Konzils vor 40 Jahren hat inzwischen auch die katholische Kirche sichtbar verändert. Einmal genauer hinzuschauen, wie Religionsfreiheit verstanden werden kann, ist das Ziel dieses Buches. Experten aus dem Rechtsstaat (Bundesgerichtspräsident Dr. Giusep Nay), den staatskirchenrechtlichen Institutionen (Dr. Daniel Kosch), des Religionsrechts und der rechtlichen Gleichstellungsdiskussion (Prof. Dr. Adrian Loretan) liefern Beiträge.

---

[9] Papst Benedikt XVI. wünsche islamischen Religionsunterricht in den staatlichen Schulen Deutschlands. Dies berichtete der nordrheinwestfälische Ministerpräsident Rüttgers nach einer Privataudienz zusammen mit Kanzlerkandidatin Angela Merkel beim Papst anlässlich des Kölner Besuchs. Vgl. NZZ am Sonntag, 21.8.2005, 3.

Wie entwickelt die Römisch-katholische Kirche ein Ja zum demokratischen Rechtsstaat und seinen Grundrechten?

Adrian Loretan, Luzern

«Menschenrechte gehören nicht zum klassischen Traditionsgut der Religionen.»[1] Das Bekenntnis zu den Menschenrechten ist heute aber weltweit. Ihm haben sich nach und nach auch die Weltreligionen geöffnet. Seit den ersten Weltkonferenzen der Religionen für den Frieden 1970 in Kyoto gehören die Menschenrechte zu den vorrangigen Themen vieler internationaler Konferenzen der Religionen, die sich direkt oder indirekt an dem fortschreitenden Menschenrechtsprogramm der UNO und des Völkerrechts orientieren.

Der evangelische Bischof von Berlin Brandenburg, Dr. Wolfgang Huber, schreibt dazu: «So unzweifelbar [aber] der Gedanke der Menschenrechte sich [u. a.] unter christlichem Einfluss entwickelt hat, so unzweifelbar ist zugleich, dass er gegen erheblichen kirchlichen Widerstand durchgesetzt werden musste.»[2]

Diese Entwicklungslinie werden wir im Folgenden noch genauer ansehen, und zwar speziell für die katholische Kirche.

---

[1] Johannes Schwartländer, Einleitung, in: ders. (Hrsg.), Freiheit der Religion. Christentum und Islam unter dem Anspruch der Menschenrechte, Mainz 1993, 13–49, 14.

[2] Wolfgang Huber, Menschenrechte – Christenrechte, in: Recht nach Gottes Wort. Menschenrechte und Grundrechte in Gesellschaft und Kirche, im Auftrag der Synoden der Evangelisch-reformierten Kirchen in Nordwestdeutschland hrsg. vom Landeskirchenvorstand, Neukirchen-Vluyn 1989, 82–99, 82.

1 Die Französische Revolution

Die französische Menschenrechtserklärung von 1789 bringt in Art. 16 die Anforderungen an eine moderne Verfassung zum Ausdruck:

«Toute société dans laquelle la garantie des droits n'est pas assurée, ni la séparation des pouvoirs déterminée, n'a point de constitution.»[3]

Constitution, zu Deutsch Verfassung im modernen Sinn, ist also ein normativer Begriff mit ganz bestimmten Anforderungen an die Organisation eines politischen Gemeinwesens:

- Schutz der Grundrechte (d. h. der Menschenrechte, die durch die Verfassung aufgezählt werden),
- Gewaltenteilung (d. h. Macht beschränkende Organisation der obersten Instanzen).

Eine weitere Forderung kam dazu: die *Trennung von Kirche, Staat und Gesellschaft*. Dieses Postulat der Französischen Revolution hat sich durchgesetzt. Die Kirche geriet in eine im christlichen Abendland nie gekannte Defensive. Mit der Enthauptung des Königs in der Französischen Revolution und der Kirchenfeindlichkeit des neuen Staates zerbrach die Einheit von Thron und Altar. (Das Löwendenkmal in Luzern erinnert an die Schweizer Truppen in fremden Diensten, die für den letzten französischen König gefallen sind.) Die Enthauptung Ludwigs XVI. bedeutete für das barock-triumphalistische Selbstverständnis der Papstkirche eine schwere Traumatisierung. Das Lehramt der katholischen Kirche sollte sich zur neuzeitlichen Freiheitsgeschichte nun für lange Zeit negativ verhalten und dadurch die neuen Fronten zwischen katholischer Kirche und demokratischem Rechtsstaat verhärten.[4]

---

[3] Zitiert nach Jörg Paul Müller, Die Demokratische Verfassung: zwischen Verständigung und Revolte, Zürich 2002, 87.

[4] Der französische Staat verordnete eine durch ihn garantierte ‹Zivilreligion›. Damit wurde die öffentliche Existenzberechtigung der katholischen Kirche frontal bestritten.

Eine produktive Auseinandersetzung mit dem modernen Verfassungsstaat schien nach der Niederlage Napoleons[5] überflüssig zu werden. Dass der konstitutionell verfasste Rechtsstaat in seinem Selbstverständnis nicht auf einem kirchenfeindlichen Staatsabsolutismus beruht, konnte die Papstkirche nach den schrecklichen Erlebnissen in der Französischen Revolution nicht in den Blick bekommen. Doch mit der Festschreibung *individueller Freiheitsrechte* (Grundrechte) zielt der moderne Verfassungsstaat gerade auf eine Begrenzung staatlicher Macht ab und eröffnet damit auch für die Kirche neue Handlungs- und Bewegungsspielräume in der modernen Gesellschaft.

Mit der Juli-Revolution von 1830 kam für Frankreich das Ende der Restaurationsbemühungen des Ancien Régime. Alle Bemühungen im französischen Katholizismus, die sich jetzt um Aussöhnung der Kirche mit dem demokratischen Verfassungsstaat bemühten, wurden von Papst Gregor XVI. vehement zurückgewiesen.[6]

Mit der Säkularisierung von Kirchengütern, der Aufhebung von Klöstern und fürstlichen Bistümern (z. B. Fürstbistum Basel) verlor die Kirche zusätzlich die bisherigen staatlichen Macht- und Herrschaftsbefugnisse, die ihr in der Sozial- und Wirtschaftsverfassung des Ancien Régime jahrhundertelang zugefallen waren. Die Kirche war fortan nicht mehr Adelskirche. Mit dem Verlust dieser Privilegien wurde die Kirche vielmehr zu einem *Teil der bürgerlichen Gesellschaft.*

2 Die katholische Reaktion

Die Papstkirche grenzte sich vom Verfassungsstaat des 19. Jahrhunderts scharf ab. Es entsteht

---

[5] Als es nach der Niederlage Napoleons zur Restauration des bourbonischen Königtums mit dem alten Bündnis von Thron und Altar kam, glaubte die Kirche, sie könne die Revolution wie eine schreckliche Episode ad acta legen.

[6] Diese liberal-katholische Bewegung, die die Kirche aus ihrem traditionellen Bündnis mit der Monarchie herausführen wollte, hatte sich dem liberalen Grundsatz der Trennung von Kirche und Staat angeschlossen.

«– erstens die *Gegnerschaft* des [historisch in den mittel- und lateineuropäischen Ancien Régime verwurzelten; A.L.] *Katholizismus* zu den modernen Grossmächten, zum (nach)revolutionären Frankreich, dem preussisch-protestantisch geführten Deutschen Kaiserreich und der englischen Weltmacht, und

– zweitens die Gegnerschaft der *Kirche* zu so gut wie allen nationalen, liberalen und demokratischen Emanzipationsbewegungen des alten Kontinents.»[7]

Eine der Folgen dieses gegenseitigen sich nicht Verstehens zwischen Kirche und Staat war z. B. die Aufhebung der Luzerner Nuntiatur durch den Verfassungsstaat Schweiz (1873).[8]

– In der Enzyklika *Mirari vos* (1832) von Gregor XVI. wurden die Glaubens- und Gewissensfreiheit, die Meinungs- und Pressefreiheit als «seuchenartige Irrtümer» bezeichnet. Er forderte autoritativ die Restauration des vormodernen katholischen Glaubensstaates als der einzig legitimen und gottwohlgefälligen Ordnung des Gemeinwesens.

– Der *Syllabus errorum*, ein Verzeichnis der hauptsächlichsten Irrtümer unserer Zeit im Anschluss an die Enzyklika *Quanta Cura* (1864) von Papst Pius IX. führte 80 zu verurteilende Thesen neuzeitlichen Denkens auf. Damit war die globale Absage des Katholizismus an die Moderne gegeben.

– Die *Unfehlbarkeitserklärung* und der *Jurisdiktionsprimat* des Vaticanum I (1870) können ebenfalls als Fortschreibung der Verwerfungsgeschichte gelesen werden.

– Der *Antimodernisteneid* im 20. Jahrhundert setzte die Tradition fort, welche die Kirche in eine Fundamentalopposition zum Verfassungsstaat und zu den Bürger- und Menschenrechtserklärungen der Neuzeit brachte.

---

[7] Otto Kallscheuer, Der Vatikan als Global Player, in: Aus Politik und Zeitgeschichte (Beilage zur Wochenzeitschrift Das Parlament) 7/2005, 14. Febr. 2005, 7–14, 8.

[8] Der letzte päpstliche Geschäftsträger Agnozzi verliess die Schweiz mit dem Sprichwort «Vale Helvetia, cum usibus et abusibus tuis».

Die ultramontane, d. h. zentral auf den Papst ‹jenseits der Berge› zu-
geschnittene Kirche sah die überlieferten Plausibilitäten des katholischen Glaubens durch den Verfassungsstaat frontal bedroht. Wie
nie zuvor gelang es der Amtskirche,[9] eine historisch einmalige Nähe
zwischen sich und der Volksreligion herzustellen.[10] Das *geschlos-
sene katholische Milieu* bot einen Schutz vor den Folgen der Mo-
dernisierung und Industrialisierung. Wie sah das Milieu aus? Es
gab katholische Buchhandlungen, katholische Altersheime, Ver-
eine, eine Universität, Zeitschriften, Partei, Krankenkasse etc. Eine
schroffe Ablehnung der ‹gottlosen› Verhältnisse des demokratischen Rechtsstaates gehörte zum Markenzeichen eines Teils der katholischen Identität im 19. und frühen 20. Jahrhundert. Zu diesem
Zweck entfaltete sich schon früh eine streitbare katholische Gegen-
öffentlichkeit, die sich in Katholikenversammlungen ebenso arti-
kulierte wie im Aufbau einer eigenständigen katholischen Presse.

In diesen Reaktionsmustern entfaltete sich der moderne Katho-
lizismus. Er entwickelte eine flexible, in die nivellierte bürgerliche
Gesellschaft eingebundene Praxis. Der politische Katholizismus
hat in der Praxis im Unterschied zum katholischen Lehramt das
Zurückgeworfensein auf die ausserstaatliche, gesellschaftliche
Sphäre erstaunlich schnell zur Kenntnis genommen.

3   Das Zweite Vatikanische Konzil

Erst im Zweiten Vatikanischen Konzil (1962–65) wurde das
Trauma der Französischen Revolution lehramtlich aufgearbeitet.
Das von Papst Johannes XXIII. (1958–1963) einberufene Konzil
ermöglichte erstmals eine kritische Aneignung bestimmter Freiheitsrechte durch die Kirche.

---

[9] Urs Altermatt, Katholizismus und Moderne. Zur Sozial- und Mentali-
tätsgeschichte der Schweizer Katholiken im 19. und 20. Jh., Zürich
1989, 66.
[10] Karl Gabriel, Christentum zwischen Tradition und Postmoderne, Freiburg i. Br. 1992, 95.

Die *Konzilserklärung über die Religionsfreiheit* ist ein Kernpunkt «der konzeptionellen Öffnung (‹aggiornamento›) des II. Vaticanum zur modernen Freiheit»[11] hin. Diese lang umstrittene Konzilserklärung wurde gegen den zum Teil heftigen Widerstand der Kurie, vor allem des Heiligen Offiziums unter Kardinal Ottaviani, durchgesetzt. Die Frage der Religionsfreiheit als Recht der Menschen führt nämlich zur kritischen Neubestimmung des Verhältnisses von Kirche und Staat, von Religion und Politik. Es führt zur Überwindung des Konstantinischen Systems und der begrenzten Toleranzlehre.

Das Konstantinische System beginnt mit der gezielten Begünstigung des Christentums durch Kaiser Konstantin (313 n. Chr.)[12] und seiner Durchsetzung als rechtsgesetzlich verpflichtende Staatsreligion unter Theodosius (380). «Freiheit genoss innerhalb dieses [Konstantinischen] Systems nur noch der christliche Glaube entsprechend den Bekenntnissen der ökumenischen Konzilien, welche zugleich Kirchen- und Reichsrecht begründeten. Die Häresie dagegen galt nicht nur als Glaubensleugnung, sondern auch als Aufstand gegen die weltliche Ordnung.»[13]

Die Erklärung der Religionsfreiheit des Konzils ist also das Ende eines Kirche-Staat-Systems, das mehr oder weniger von 380 bis 1965 von der Kirche vertreten wurde. Die antike Vorstellung der engen Verbindung von Staat und Kirche ist erst seitdem keine kirchliche Forderung mehr.

Auch die bis zum Konzil geltende *Toleranzlehre* ist prinzipiell vom Menschenrecht Religionsfreiheit zu unterscheiden. Die Toleranzlehre besagt: Prinzipiell hat nur die Wahrheit ein Recht, und der Irrtum kann nicht zugelassen werden; unter bestimmten Umständen (d. h. zur Vermeidung eines grösseren Übels wie etwa eines Bürgerkrieges) kann und muss der Irrtum jedoch um eines höheren Gutes willen toleriert werden. Diese Toleranzkonzeption war im Mittelalter ein bedeutsamer Beitrag zur Humanisierung des inter-

---

[11] Kallscheuer, Vatikan (Anm. 7), 9.
[12] Mailänder Edikt.
[13] Walter Kasper, Religionsfreiheit als theologisches Problem, in: Schwartländer, Freiheit (Anm. 1), 210–229, 217.

religiösen Zusammenlebens.[14] «Es ist nicht zu übersehen, dass die Toleranzlehre der mittelalterlichen Kirche – trotz aller historischen und kulturellen Differenzen – erstaunliche strukturelle Ähnlichkeiten mit der islamischen Toleranzlehre aufweist, wie sie von den klassischen islamischen Rechtsschulen im 8. und 9. Jahrhundert ausgebildet wurde.»[15]

Für den Einzelnen gab es in diesem System nur sehr begrenzte Wahlfreiheit; in der alten Toleranzlehre gab es nur ein «Recht der Wahrheit» vor dem «Recht des Irrtums», keine individuelle Wahlfreiheit, sondern nur Gehorsam. Im *liberalen Menschenrechtsverständnis* dagegen werden dem einzelnen Menschen gegenüber den übergeordneten Ansprüchen staatlicher und kirchlicher Autoritäten originäre Freiheitsrechte «als Ausfluss seines personalen Seins und zur Sicherung seiner personalen Freiheit»[16] eingeräumt. Die Person steht im Mittelpunkt. Im vorkonziliaren Geiste von Papst Pius XI. konnte dies nur als Ungehorsam gegen den ‹göttlichen Heilsplan› und die ‹natürliche Ordnung der Dinge› erscheinen. Mit diesem Rückgriff auf vormoderne Ordnungsmodelle manövrierte sich das kirchliche Lehramt im 20. Jahrhundert in eine ungleichzeitige wie hilflose Pauschalverurteilung der demokratischen Gesellschaft.

Seit dem Zweiten Vatikanischen Konzil bewegt sich nicht nur der Katholizismus, sondern auch die katholische Kirche in eine Richtung, die die traditionellen Vorbehalte gegenüber den Ideen von demokratischer Willensbildung endgültig überwinden will. Dies soll nun am Beispiel der Päpste dieser Zeit aufgezeigt werden.

---

[14] So hatten die Kreuzfahrer bei der Eroberung Jerusalems die Juden und Muslime getötet. Bei der Rückeroberung durch Sultan Saladin waren sie überrascht, dass dieser nicht ebenso verfuhr. Vgl. dazu den Beitrag über den Film von 2005: *Kingdom of Heaven*, Regie Ridley Scott, in: Facts. Das Schweizer Nachrichtenmagazin 18/2005, 4. Mai 2005, 84–91.

[15] Schwartländer, Freiheit (Anm. 1), 32.

[16] Ernst-Wolfgang Böckenförde, Religionsfreiheit als Aufgabe des Christen. Gedanken eines Juristen zu den Diskussionen auf dem Zweiten Vatikanischen Konzil, in: Stimmen der Zeit 176 (1965) 199–212, 206; wiederabgedruckt in: ders., Religionsfreiheit. Die Kirche in der modernen Welt, Freiburg i. Br. 1990 (Schriften zu Staat – Gesellschaft – Kirche Bd. 3), 15–31, 23.

4 Die Päpste des Konzils und der Nachkonzilszeit

4.1 Johannes XXIII. (1958–1963)

Mit Johannes XXIII. begann ein «neues Zeitalter» (Nell-Breuning). Er war der erste Nicht-Adelige seit langer Zeit auf dem Stuhle Petri des Fischers. Er beendete die Gesprächsverweigerung der Kirche gegenüber der Moderne und öffnete sie für den Dialog mit ihr.

In der Enzyklika *Pacem in terris* (1963) nahm er die UNO-Menschenrechtserklärung von 1948 in die kirchliche Lehrtradition auf und räumte den bisher stets angefeindeten Freiheitsrechten des bürgerlichen Zeitalters nun endgültig auch ein kirchliches Heimatrecht ein. Johannes XXIII. hat den Übergang vom «Recht der Wahrheit» zum «*Recht der Person*» unumkehrbar gemacht. In *Pacem in terris* unterschied er zwischen «dem Irrtum und den Irrenden. ... Denn der dem Irrtum Verfallene hört nicht auf, Mensch zu sein, und verliert nicht seine persönliche Würde, die doch immer geachtet werden muss» (PT 158). Dies galt für Johannes XXIII. z. B. auch gegenüber den Kommunisten.

4.1.1 Die Erklärung über die Religionsfreiheit Dignitatis humanae

Johannes XXIII. sprach schon in seiner Eröffnungsrede des Konzils (italienische Fassung) vom Menschenrecht der Religionsfreiheit.[17] Dieser grosse Schritt wurde von aussen wie folgt kommentiert: Mit der Bejahung der Religionsfreiheit ist die katholische Kirche «grundsätzlich zu einer sozial verträglichen Religionsgemeinschaft geworden. Sie hat in ihrer Staatslehre nun als ganze Kirche den Schritt vom Status quo konfessioneller Glaubensstaaten zur Gleichberechtigung aller Religionen und Weltanschauungen in einem freiheitlichen Staat vollzogen.»[18] Damit hat das Lehramt seine

---

[17] Ludwig Kaufmann/Nikolaus Klein, Johannes XXIII. Prophetie im Vermächtnis, Fribourg/Brig 1990, 116–150, 126.

[18] Jörg Bopp, Die Erklärung der Religionsfreiheit vom II. Vatikanischen Konzil, in: Zeitschrift für Evangelische Ethik 11 (1967) 193–217, 216.

sakral-religiöse Staatsauffassung definitiv aufgegeben und durch die neuzeitliche Vorstellung eines weltanschaulich neutralen Verfassungsstaates ersetzt.[19] Mit der Anerkennung des verfassungsmässigen Rechtsanspruchs auf Religionsfreiheit erscheint der Staat nicht mehr als «Hüter einer objektiven Tugend- und Wahrheitsordnung, sondern nur noch als Garant einer Friedens- und Freiheitsordnung.»[20]

4.1.2 Die Pastoralkonstitution Gaudium et spes (73, 76)

Die Pastoralkonstitution schreibt dem Staat erneut einen wesenhaft religiösen Zweck zu und verfällt in *eine theokratische, integralistische und konfessionelle Auffassung der Macht*. Nell-Breunings Aussage, die Kirche habe im Konzil den «Durchbruch zur vorbehaltlosen Anerkennung des weltanschaulich pluralistischen Staates geschafft»,[21] kann deshalb nur für die Konzilserklärung über die Religionsfreiheit gelten.[22]

---

[19] Die katholische Kirche hat aufgehört, staatliche Zwangsinstitution in den einzelnen Ländern sein zu wollen und ist zur *freien religiösen Einrichtung der Zivilgesellschaft* geworden.

[20] Böckenförde, Religionsfreiheit (Anm. 16), 209.

[21] Oswald von Nell-Breuning zitiert nach Hermann-Josef Große Kracht, Kirche in ziviler Gesellschaft. Studien zur Konfliktgeschichte von katholischer Kirche und demokratischer Öffentlichkeit, Paderborn u. a. 1997, 230, Anm. 262.

[22] Der Staat wird in GS nicht durch einen Willensakt der Bürgerinnen und Bürger konstituiert und legitimiert wie in den modernen Vertragstheorien. Der Staat gehört – ganz in der sakralen Staatsauffassung – von Anfang an «zu der von Gott vorgebildeten Ordnung» (GS 74,3). Die Staatsgewalt wird also wieder ausschliesslich vordemokratisch sakral legitimiert. Diese sakralen Legitimationsquellen der Staatsgewalt lassen sich nur mühsam mit dem Demokratiegedanken verbinden.

4.2   Paul VI. (1963–1978)

Unter Paul VI. wurde die Erklärung über die Religionsfreiheit *Dignitatis humanae* in den Schlussabstimmungen des Konzils verabschiedet. Er hat schon als Kardinal sehr deutlich vom Abschied des Konstantinischen Systems gesprochen. Von daher war von Anfang an deutlich, welchen Standpunkt der neue Papst bei der Diskussion um die umstrittene Konzilserklärung einnehmen würde.

In seiner Regierungszeit wurde die Magna Charta der nachkonziliaren Kommunikationslehre verfasst: *Communio et progressio.*

4.2.1 *Pastoralinstruktion Communio et progressio (1971)*

Communio et progressio macht sich vorbehaltlos die aufklärerische Einsicht zu Eigen, derzufolge sich das Wahre und Richtige vor der Vernunft erst in einem Prozess kritischer Befragung mit hinreichender Irrtumsfreiheit zu erkennen gibt. Die aufklärerische Idee eines öffentlichen freien Spiels der Meinungen zum Zweck der Meinungs- und Willensbildung wird ausdrücklich bejaht. Für die Vorstellung von vorgegebenen und kirchlich verwalteten ‹richtigen Meinungen› bleibt kaum Raum mehr. *Communio et progressio* schärft mit wünschenswerter Klarheit das *Menschenrecht der Meinungsäusserungsfreiheit* und das Recht auf Information als Wesensbestandteil bei der Bildung von öffentlicher Meinung ein. Die gegenüber den Massenmedien bisher stets geforderte Kontrolle und Einschränkung von Freiheitsrechten kann mit *Communio et progressio* endgültig als überwunden gelten. Mit der Pastoralinstruktion *Communio et progressio* wird ein Freiheitsrecht explizit und ohne Vorbehalte zur Grundlage eines offiziellen Kirchendokumentes.[23]

---

[23] Welche Bedeutung dies für die römisch-katholischen Menschen in den Ortskirchen bekommt, ist von Franco Luzzatto besonders klar aufgezeigt worden. Vgl. Franco Luzzatto, Öffentlichkeitsdefizit der katholischen Kirche. Organisationskommunikation und Kommunikationsstruktur der katholischen Kirche Schweiz – Bedingungen für eine Ende der Stagnationskrise, Freiburg (Schweiz) 2002.

4.3 Johannes Paul II. (1978–2005)

Johannes Paul II. plädiert für periodische Wahlen und permanente Bürgerbeteiligung, für Rechtsstaatlichkeit und Gewaltenteilung. Er weiss das «System der Demokratie zu schätzen, insoweit es die Beteiligung der Bürger an den politischen Entscheidungen sicherstellt und den Regierten die Möglichkeit garantiert, ihre Regierungen zu wählen, sie zur Rechenschaft zu ziehen und sie dort, wo es sich als notwendig erweist, auf friedliche Weise zu ersetzen» (CA 46,1). Damit hat er – wie schon Johannes XXIII. – die alten Bemühungen um Äquidistanz zu den verschiedenen Staatsformen von Demokratie und Monarchie definitiv aufgegeben.[24] Er hat die bisher verdächtigten vertragstheoretischen Staats- und Demokratiekonzeptionen vollumfänglich übernommen.

4.3.1 Centesimus annus (1991)

In der Sozialenzyklika *Centesimus annus* von 1991 reflektiert Johannes Paul II. die demokratischen Umbrüche des Jahres 1989.[25] Kirche wird geschildert als eine partikulare soziale *«Grossbewegung (motus magnus) zur Verteidigung und zum Schutz der Würde des Menschen»* (CA 3,4). Das Verhältnis zwischen Kirche und Welt wird damit in bewegungspolitischer Perspektive, d. h. nach dem Modell der sozialen Bewegungen, beschrieben.[26] Der Papst warnt vor denen, «die glauben, im Namen einer angeblich wissenschaftlichen oder religiösen Ideologie den anderen Menschen ihre Auffas-

---

[24] Im Katechismus der Katholischen Kirche ist von diesen nachkonziliaren Optionen für das System Demokratie nicht mehr viel zu merken. Vielleicht auch deswegen, weil der Autor ein Adeliger ist, Christoph Kardinal Schönborn.

[25] Formal fällt auf: Der Papst spricht darin – in deutlicher Unterscheidung zur bisherigen Enzyklikensprache – eher im Stil eines engagierten Teilnehmers, der an den Bemühungen um die Demokratisierung politischer und gesellschaftlicher Strukturen aktiv beteiligt ist.

[26] Paul VI. forderte nur die Laien zum konkreten Einsatz in Wirtschaft und Politik auf (PP 81) und wollte das Lehramt von alltagspolitischen Auseinandersetzungen möglichst abschirmen. Johannes Paul II. hat diese Arbeitsteilung von Lehramt und Laien in CA offensichtlich fallen gelassen.

sung von dem, was wahr und gut ist, aufzwingen zu können» (CA 45). Diese Kritik wird am leninistischen Totalitarismus festgemacht. Sie richtet sich gegen die Unterstellung eines privilegierten Wahrheitszugangs für einzelne Individuen und Institutionen der Gesellschaft. Diese Kritikpunkte lassen sich leicht auch als eine unausgesprochene Kritik an der bisherigen päpstlichen Staats- und Gesellschaftslehre verstehen, die sich bekanntlich ebenfalls durch die Vorstellung eines privilegierten lehramtlichen Zugangs zum natürlichen Sittengesetz ausgezeichnet hat.[27]

Johannes Paul II. versucht die kirchliche Lehre von Staat und Gesellschaft nachdrücklich von ihren Ähnlichkeiten mit staatstotalitären Denkmustern abzugrenzen. So unterscheidet er deutlich die ‹christliche Wahrheit› von einer ‹religiösen Ideologie›. Er begründet den Unterschied zwischen ‹christlichem Glauben› und ‹religiöser Ideologie› menschenrechtlich: Der christliche Glaube ist von einer anderen Art, weil die Kirche die Achtung der Freiheit zu ihrem Grundanliegen gemacht hat. Zwar werde der Christ nicht darauf verzichten, all das zu vertreten, was ihn sein Glaube und der rechte Gebrauch seiner Vernunft gelehrt haben, er werde aber anderen Menschen ihre demokratischen Rechte, insbesondere das Grundrecht der Religionsfreiheit nicht bestreiten. Für Johannes Paul II. dient der Christ der christlichen Wahrheit nämlich dadurch am besten, dass er «seiner missionarischen Berufung entsprechend, getreu die Wahrheit, die er erkannt hat, anderen anbietet», ohne je-

---

[27] Ausgesprochen wurde dieser Vergleich zwischen modernem Kommunismus und der Kirche auf dem Konzil von Kardinal König: «Der moderne Kommunismus brauchte nur die Prinzipien dieser [kirchlichen] Toleranztheorie … zu übernehmen, um eine legitimierende Grundlage für die von ihm geübte Praxis der kontinuierlichen Religionsverfolgung zu haben. Kardinal König wies in der Konzilsaula darauf hin, dass die katholische Kirche hier vom Atheismus, der den Anspruch auf Wahrheit erhebt, nach denselben Prinzipien behandelt wird, die sie selbst in ihrer traditionellen Toleranztheorie für die Behandlung des Irrtums verkündet hat.» Adrian Loretan, Das Verhältnis der Kirche zum Staat im Umbruch, in: Ders. (Hrsg.), Kirche – Staat im Umbruch. Neuere Entwicklungen im Verhältnis von Kirche und anderen Religionsgemeinschaften zum Staat, Zürich 1995, 12–18, 14.

doch «die berechtigte Autonomie der demokratischen Ordnung» (CA 46–47) anzutasten.

4.3.2 Neue Perspektiven

Die Kirche erscheint jetzt als eine *gesellschaftspolitische Grossgruppe*, die für sich keine privilegierte Position oberhalb der Gesellschaft verlangt. Diese Grossgruppe beansprucht nur noch das «Statut des Bürgerrechts» (CA 5,5), um auf dieser Basis neben anderen Kräften und Bewegungen der Gesellschaft an den historischen Kämpfen um Befreiung und Entwicklung teilnehmen zu können. Die Kirche ist sich ihrer *gesellschaftlichen Partikularität* bewusst und ist mit der Realität weltanschaulicher Pluralität versöhnt.

Der Akzent verschiebt sich von einer theologiefreien, naturrechtlich argumentierenden Gesellschafts*lehre* (an die Adresse der staatlichen Autoritäten) zu einer theologischen Gesellschafts*kritik* (an die Adresse der christlichen Bürgerinnen und Bürger). Damit wird die prophetische Dimension der kirchlichen Sozialverkündigung verstärkt. Die aufrüttelnde Sorge für die Armen ist wichtiger als die Erarbeitung eigener sozialwissenschaftlicher Lösungsvorschläge. Johannes Paul II. kann so auch befreiungstheologische Themen aufgreifen. Er spricht von den «Strukturen der Sünde» (*Sollicitudo rei socialis* 1987). Er weist darauf hin, dass «bestimmte Entscheidungen, die scheinbar nur von Wirtschaft oder Politik getragen sind, wahrhafte Formen von Götzendienst» (SRS 37,3) darstellen. Er ist bereit, die ‹Option für die Armen› in die gesellschaftlichen Debatten einzubringen.

Die Kirche beginnt, sich als *engagierte Anwältin*[28] *innerhalb der gesellschaftlichen Konfliktlagen* zu begreifen. Mit der Rede von der Kirche als «einer Grossbewegung zur Verteidigung und zum Schutz der Würde des Menschen» (CA 3,4) hat Johannes Paul II. prinzipiell eine Politikperspektive eröffnet, die ein demokratiekompatibles politisches Handeln der Kirche in der modernen Gesellschaft ermöglicht. Die katholische Kirche versteht sich als *eine*

---

[28] «Kirche als Anwältin der Menschenrechte», mein erstes Seminarthema, das ich als wissenschaftlicher Assistent selbstständig gestaltet habe.

aktive gesellschaftliche Kraft innerhalb einer demokratischen Gesellschaft.

Noch Ende des 19. Jahrhunderts verurteilte der Apostolische Stuhl modernistische Theologien offiziell unter der Bezeichnung «Amerikanismus». Erst seit der Erklärung über die Religionsfreiheit, die auch vom Krakauer Erzbischof Karol Wojtyla energisch unterstützt wurde, kann man zwischen Rom und Washington tatsächlich vom gemeinsamen Verständnis religiöser Toleranz sprechen. Erst 1984 kam es zur Aufnahme diplomatischer Beziehungen zwischen dem Vatikan und den USA. 2005 ist bei der Beerdigungsfeier für Papst Johannes Paul II. dann erstmals ein Präsident der Vereinigten Staaten zusammen mit mehreren ehemaligen Präsidenten gemeinsam angereist. Hier war die Veränderung mit Händen zu greifen. Dies geschah, obwohl Johannes Paul II. wie kaum eine zweite globale Stimme gegen Amerikas letzten Golfkrieg zu Felde gezogen war. Nach Ansicht des ehemaligen amerikanischen Aussenministers Collin Powell denkt und handelt der Heilige Stuhl ebenso wie die Vereinigten Staaten auf globaler Ebene, und das ermögliche ihnen eine aussergewöhnliche Partnerschaft. Der Heilige Stuhl habe zudem die Gefahr diffuser Radikalisierung religiös codierter Ressentiments in der weltweiten Gemeinschaft der Muslime keineswegs unterschätzt. Johannes Paul II. begann eine «neue Ostpolitik» gegenüber islamischen Ländern und Kulturen, was an seiner Beerdigung ebenfalls durch die Präsenz verschiedener Grössen aus islamischen Ländern ablesbar war.

4.4 Benedikt XVI. (ab 2005)

Der neue Papst hat noch keine Enzyklika zur Thematik des modernen Verfassungsstaates veröffentlicht. Dennoch kann man sehr genau wissen, wie Benedikt XVI. sich zur Religionsfreiheit und dem grundrechtlich geschützten Rechtsstaat verhält. Denn zu Beginn des Jahres 2005 hat Joseph Kardinal Ratzinger ein Buch veröffentlicht mit dem Titel: «Werte in Zeiten des Umbruchs. Die Herausforderungen der Zukunft bestehen» (Freiburg i. Br. 2005).

Für Kardinal Ratzinger hat sich nach dem *Zusammenbruch der totalitären Systeme des 20. Jahrhunderts* «die Überzeugung durchgesetzt, dass Demokratie zwar nicht die ideale Gesellschaft bewirke, aber praktisch das einzig angemessene Regierungssystem ist. Sie verwirklicht Machtverteilung und Machtkontrolle und bietet damit die grösste Gewähr gegen Willkür und Unterdrückung, für die Freiheit jedes Einzelnen und für die Einhaltung der Menschenrechte.»[29]

Er stellt in seinen Texten auch *Fragen zur Demokratie* mit ihren Grundwerten: «Wie sind die Grundwerte zu begründen, die nicht dem Spiel von Mehrheit und Minderheit unterworfen sind? Woher kennen wir sie? Was ist dem Relativismus entzogen, warum und wie? Diese Frage bildet das Zentrum im heutigen Disput der politischen Philosophie.»[30]

Er stellt auch Fragen rechtsphilosophischer Art: Wenn nur noch das Verifizierbare, oder genauer: das Falsifizierbare als vernünftig gilt, wird *die Vernunft auf das im Experiment Überprüfbare reduziert.* «Der ganze Bereich des Moralischen und Religiösen gehört dann dem Raum des ‹Subjektiven› zu – er fällt aus der gemeinsamen Vernunft heraus. … Der erkrankten Vernunft erscheint schliesslich alle Erkenntnis von definitiv gültigen Werten … als Fundamentalismus. Ihr bleibt nur noch das Auflösen, die Dekonstruktion, wie sie uns etwa Jacques Derrida vorexerziert. Er hat die Gastfreundschaft ‹dekonstruiert›, die Demokratie, den Staat und schliesslich auch den Begriff des Terrorismus, um dann doch erschreckt vor den Ereignissen des 11. September zu stehen. *Eine Vernunft, die nur noch sich selber und das empirisch Gewisse anerkennen kann, lähmt und zersetzt sich selber.*»[31]

Die «Pathologien der Vernunft» und die «Pathologien in der Religion» gilt es beide zu überwinden. «Ich würde … von einer notwendigen Korrelationalität von Vernunft und Glaube, Vernunft

---

[29] Joseph Kardinal Ratzinger, Werte in Zeiten des Umbruchs. Die Herausforderungen der Zukunft bestehen, Freiburg i. Br. 2005, 49. Vgl. ders. und Hans Maier, Demokratie in der Kirche. Möglichkeiten und Grenzen, Limburg [2]2005.
[30] Ebd., 51.
[31] Ebd., 132–133.

und Religion sprechen, die zu einer gegenseitigen Reinigung und Heilung berufen sind und die sich gegenseitig brauchen und das gegenseitig anerkennen müssen.»[32]

Mit diesen rechtsphilosophischen Fragen an den Verfassungsstaat[33] und mit der Erinnerung an die «Rose für direkte Demokratie» von Joseph Beuys möchte ich schliessen. Der Künstler Joseph Beuys hat eine rote Rose in einem Messkaliber gezeigt, nicht in einer schönen Vase. Direkte Demokratien sind Experimente. Gewaltlose Experimente für friedliche Lösungen von Konflikten. Möge diese gewaltlose Experimentierfreudigkeit auch der nächsten Generation von religiösen und nichtreligiösen Menschen erhalten bleiben.

---

[32] Ebd., 38–39. Diesem indirekten Plädoyer für die Theologie im Rahmen der «Denkfabrik» Universität ist zuzustimmen. Vgl. dazu Adrian Loretan (Hrsg.), Theologische Fakultäten an europäischen Universitäten. Rechtliche Situation und theologische Prinzipien (Theologie Ost – West, Europäische Perspektiven, Bd. 1), Münster 2004.

[33] Vgl. Paul Richli (Hrsg.), Wo bleibt die Gerechtigkeit? Antworten aus Theologie, Philosophie und Rechtswissenschaft (Luzerner Beiträge zur Rechtswissenschaft, Bd. 5), Zürich 2005.

Schweizerischer Rechtsstaat und Religionsgemeinschaften: Hilfen und Grenzen

Giusep Nay, Lausanne

Das Verhältnis zwischen Kirche und Staat oder – wie es heute korrekter formuliert werden muss – zwischen Staat und Religionsgemeinschaften ist in der Schweiz wesentlich durch die Ausgestaltung der sogenannten öffentlich-rechtlichen Anerkennung geprägt.

1 Durch Religionsangehörige errichtete Körperschaften

Das verfassungsmässige Selbstbestimmungsrecht einer Religionsgemeinschaft erheischt, Kirchgemeinden und Landes- oder Kantonalkirchen als durch die Kirchenangehörigen errichtete Körperschaften zu betrachten und zu behandeln. Das folgt auch aus dem Angebotscharakter, den die öffentlich-rechtliche Anerkennung hat und im freiheitlichen Rechtsstaat letztlich auch allein haben kann. Die anerkannten kirchlichen Körperschaften sind von den übrigen öffentlich-rechtlichen Körperschaften zu unterscheiden. Sie dürfen nicht als eigene Träger staatlicher Gewalt und auch in keiner Weise als Teil der Staatsverwaltung betrachtet werden.

Die Landeskirchen und ihre Kirchgemeinden sind als Vereinigungen aufzufassen, die ihre staatsrechtliche Existenz dem in ihrer Verfassung oder einem sonstigen Statut zum Ausdruck gebrachten *Willen der Religionsangehörigen*, eine eigene körperschaftliche Personenverbindung zu bilden, verdanken. Sie erfüllen eine öffentliche Aufgabe, weil der Staat ihre Tätigkeit mit der öffentlich-rechtlichen Anerkennung als eine solche ansieht. Diese wie die ihnen vom Staat übertragene oder besser geliehene Hoheitsgewalt – insbesondere das Besteuerungsrecht – üben sie autonom aus. Daher sind sie als vom Staat klar geschiedene Körperschaften anzusehen.

Der Rechtsstaat, dessen «Grundlage und Schranke» das Recht ist,[1] kann hingegen den Religionsgemeinschaften nicht hoheitliche Befugnisse einräumen, ohne sicherzustellen, dass von diesen nur in seinem rechtsstaatlichen Sinn Gebrauch gemacht wird.[2]

2 Auf die Interessen der Religionsgemeinschaft ausgerichteter Zweck-Dualismus

Um mit dem Selbstverständnis der anerkannten Religionsgemeinschaft vereinbar zu sein, muss der Zweck der kirchlichen/religionsgemeinschaftlichen Körperschaft auf die Interessen und Bedürfnisse der Religionsgemeinschaft in ihrer Verfasstheit gemäss ihrem Selbstverständnis ausgerichtet sein. Das muss der in der Verfassung oder im Statut der Landeskirchen und ihrer Kirchgemeinden zum Ausdruck zu bringende Körperschaftszweck sein. Deren Genehmigung durch den Staat stellt dann die qualifizierte öffentlich-rechtliche Anerkennung dar.[3]

Der auf die Unterstützung der Religionsgemeinschaft, wie sie nach ihrem Selbstverständnis besteht und tätig ist, ausgerichtete Zweck der Körperschaft führt zu einem Dualismus, wie ihn die römisch-katholische Kirche in der Schweiz kennt. Er ist aber letztlich Ausfluss und Ausdruck einer Dualität von Profanem und Religiösem, wie sie tatsächlich besteht. In der Mehrzahl der schweizerischen Kantone ist der Dualismus mit dem Nebeneinander der nach kanonischem Recht hierarchisch gegliederten römisch-katholischen Amtskirche und der demokratisch und rechtsstaatlich aufgebauten staatskirchenrechtlichen Organisationen, insbesondere in der Form der Kirchgemeinden, das Ergebnis einer langen histori-

---

[1] Art. 35 Abs. 1 der Bundesverfassung.

[2] Dazu näher unten.

[3] Zur Unterscheidung zwischen einfacher und qualifizierter Anerkennung: Giusep Nay, Selbstverständnis, Selbstbestimmungsrecht und öffentlich-rechtliche Anerkennung – Voraussetzungen der Anerkennung weiterer, auch muslimischer Religionsgemeinschaften, in: René Pahud de Mortanges/Erwin Tanner (Hrsg.), Muslime und schweizerische Rechtsordnung (FVRR Bd. 13), Fribourg 2002, S. 117 ff.

schen Entwicklung. Die römisch-katholische Kirche kann letztlich nur dank diesem Dualismus einer Anerkennung als öffentlich-rechtliche Körperschaft zustimmen (soweit sie dies denn überhaupt tut).[4] Gleich dürfte es sich bei vielen anderen Religionsgemeinschaften verhalten, weil sie keine Mitentscheidungsrechte der Mitglieder in demokratischen Strukturen kennen, so insbesondere auch bei der islamischen Religionsgemeinschaft.

Die Religionsgemeinschaft ist bei einem solchen Dualismus in der Organisationsstruktur nach ihrem Selbstverständnis – in der ihr ohne weitere Voraussetzungen eine einfache Anerkennung zukommt[5] – für die inneren Angelegenheiten, wie insbesondere Lehre, Gottesdienst und Seelsorge allein und ausschliesslich zuständig. Der Umfang und damit auch die Abgrenzung der innerkirchlichen bzw. inneren Angelegenheiten der Religionsgemeinschaft haben sich grundsätzlich nach dem Selbstverständnis der Kirche oder Religionsgemeinschaft zu richten. Die Schwierigkeiten einer Abgrenzung sind nicht zu verkennen, doch wird die Problematik wesentlich entschärft, wenn die Abgrenzung bei einem Nebeneinander der Religionsgemeinschaft in den ihr eigenen Strukturen und einer ihr dienenden und sie unterstützenden autonomen öffentlich-rechtlichen Körperschaft, die aus den Religionsangehörigen besteht, vorzunehmen ist. Es geht dann nicht mehr um eine Abgrenzung im Verhältnis Kirche/Religionsgemeinschaft und Staat, sondern darum, sie im Konkreten unter Glaubensgenossen zu finden und zu leben.

3 Hilfen, die das Selbstbestimmungsrecht der Religionsgemeinschaften wahren

Bei einer solchen Konzeption der öffentlich-rechtlichen Anerkennung kann das Selbstbestimmungsrecht der Religionsgemeinschaften, das aus der korporativen Religionsfreiheit folgt, als gewahrt betrachtet werden. Diese und die daran geknüpften Rechte der

---

[4] Auch dazu näher unten.
[5] Vgl. dazu Nay, Selbstverständnis (Anm. 3), 118–119.

anerkannten Religionsgemeinschaft – vorab das Besteuerungsrecht, aber auch die mit einer einfachen Anerkennung verbundenen
Vorrechte – stellen unbestreitbar grosse Hilfen für die Kirchen und
Religionsgemeinschaften dar,[6] die sie gerne annehmen, auch die römisch-katholische Amtskirche in der Schweiz.

Das Selbstbestimmungsrecht ist zunächst grundsätzlich gewahrt, soweit es um die einfache Anerkennung geht. Diese soll die
Religionsgemeinschaft grundsätzlich ohne Vorbehalte gemäss ihrem Selbstverständnis erlangen können.[7] Auch wenn die qualifizierte Anerkennung die Errichtung einer nach demokratischen und
rechtsstaatlichen Grundsätzen organisierten Körperschaft verlangt, ist hervorzuheben, dass die öffentlich-rechtliche Anerkennung überhaupt, insbesondere aber die qualifizierte, wie bereits
angeführt, ein Angebot, eine Hilfe des Staates darstellt, die angenommen oder abgelehnt werden kann. Da diese in keiner Weise
aufgezwungen wird, beeinträchtigt sie prinzipiell das Selbstbestimmungsrecht nicht. Die Religionsgemeinschaften können sich selber
entsprechend ihrem Selbstverständnis organisieren und können in
dieser Form die einfache Anerkennung erlangen, mit der ihnen bereits wesentliche Rechte – wie die Erteilung von Religionsunterricht in den öffentlichen Schulen oder die Seelsorge in Spitälern
oder Gefängnissen – eingeräumt werden. Wollen sie vom Angebot
der Verleihung von Hoheitsgewalt, insbesondere vom Recht, Steuern zu erheben, Gebrauch machen, haben sie die vom Staat daran
geknüpften und zu knüpfenden Bedingungen zu erfüllen und neben
ihrer Organisationsform entsprechend ihrem Selbstverständnis
eine öffentlich-rechtliche Körperschaft zu bilden. Werden Mitwirkungsrechte der Mitglieder in demokratischen Strukturen und ein
rechtsstaatliches Kontrollsystem nur in dem Masse verlangt, in
dem die mit der geliehenen Hoheitsgewalt verbundenen Befugnisse
der Religionsgemeinschaft dies als sachlich gerechtfertigt erschei-

---

[6] Siehe dazu den Beitrag von Daniel Kosch in diesem Band.
[7] Heikle Fragen stellen sich, wenn dieses Selbstverständnis mit grundlegen-
den staatlichen Prinzipien und Werten kollidiert, die bereits einer einfachen öffentlich-rechtlichen Anerkennung der bestimmten Religionsgemeinschaft entgegenstehen: vgl. dazu Nay, Selbstverständnis (Anm 3.),
122 ff.

nen lassen, verletzt dies auch das aus der Religionsfreiheit fliessende Selbstbestimmungsrecht nicht. Vielmehr erfüllt eine solche Einschränkung der Religionsfreiheit die hierfür erforderlichen Voraussetzungen einer gesetzlichen Grundlage, des öffentlichen Interesses und der Verhältnismässigkeit.[8]

4 Demokratisch-rechtsstaatliche Tradition

Dass der direkt-demokratische Rechtsstaat schweizerischen Gepräges sein Angebot der qualifizierten öffentlich-rechtlichen Anerkennung an die Grundbedingung demokratischer und rechtsstaatlicher Entscheidungsstrukturen bindet, hat seinen Grund und findet seine innere Rechtfertigung in der mit der Anerkennung verbundenen Verleihung des Besteuerungsrechts und damit auch des Rechts der Erhebung der Kirchensteuer, wenn notwendig mit staatlichen Zwangsmitteln. Von einer ungerechtfertigten oder unangemessenen Einschränkung des Selbstbestimmungsrechts der Kirche durch diesen Vorbehalt kann deshalb nicht gesprochen werden. Der Demokratievorbehalt ist auch Ausfluss davon, dass Demokratie und Rechtsstaat sich gegenseitig bedingen.[9] Zu beachten ist dabei schliesslich wiederum, dass die Einräumung des Besteuerungsrechts unter dem Demokratie- und Rechtsstaatvorbehalt ein Angebot darstellt und mithin durch die Angehörigen einer Religionsgemeinschaft angenommen oder abgelehnt werden kann.

Hält man sich die historisch gewachsene, spezifisch schweizerische Rechtstradition im Bereich des Verhältnisses zwischen Kirche und Staat vor Augen, erscheint die demokratische Grundanforderung auch nicht als unangebracht oder gar störend. In weiten Teilen unseres Landes hat sich der Bürger sehr früh der Verwaltung auch des Kirchenvermögens angenommen, und diese Tradition hat sich bis heute erhalten. Zu verweisen ist dabei auf die z. B. für Graubünden bereits aus dem 14. und 15. Jahrhundert – und damit

---

[8] Vgl. Art. 36 BV.
[9] Der Rechtsstaat bedarf der demokratischen Legitimation und die Demokratie rechtsstaatlicher Schranken.

schon einige Zeit vor der Reformation – bekannten Kirchenvögte oder Kirchenpfleger, die das ortskirchliche Vermögen verwalteten. Wenn dies dann später die örtlichen Gemeinden bzw. die Kirchenpfleger innerhalb der Gemeinde taten, ist das als eine Fortsetzung dieser Praxis zu betrachten. Mit der Auflösung der Einheitsgemeinde, in der die politische und die Kirchgemeinde eine Einheit bildeten, wurde die Aufgabe schliesslich in gleichem Sinne von der Kirchgemeinde übernommen, die wie etwa die Schulgemeinden eine Spezialgemeinde darstellt. Die Kirchgemeinden sind nur formal Schöpfungen des 19. und des beginnenden 20. Jahrhunderts. Ihre geschichtlichen Wurzeln reichen viel weiter zurück, bis ins Eigenkirchenrecht des Mittelalters, mit dem auch das eine weitere schweizerische Eigenheit darstellende Pfarrwahlrecht der Kirchgemeinden eng zusammenhängt. Daraus und aus dem geschichtlichen Werdegang der Kirchgemeinden wird deutlich, wie auch in der katholischen Kirche in der Schweiz über Jahrhunderte partizipativ-freiheitliche Formen gelebt wurden.

Die auf Tradition bedachte römisch-katholische Kirche hat die Kirchgemeinden trotz dieser jahrhundertealten Tradition stets zwar faktisch anerkannt, nicht aber förmlich. Allerdings gibt es für Graubünden selbst ein Beispiel einer förmlichen Anerkennung, indem das bischöfliche Ordinariat Chur jeweils die Verfassungen der durch Abtrennung von der politischen Gemeinde neu entstandenen Kirchgemeinden offiziell genehmigte, eine Praxis, die man bei der Revision von Kirchgemeindeverfassungen nicht weiter verfolgte. Es ist nicht einzusehen, was einer Anerkennung der Kirchgemeinden und staatskirchenrechtlichen Organisationen als gewohnheitsrechtliche Institutionen des partikularen Kirchenrechts oder etwa als Unternehmungen gemäss can. 216 CIC 1983 entgegenstehen sollte, die in Gang zu setzen oder zu unterhalten die Gläubigen das Recht haben und die nur der Zustimmung der kirchlichen Autorität bedürfen, um sich katholisch nennen zu dürfen.

5 Grenzen aus der Grundrechtsbindung[10]

Die Behörden sorgen dafür, dass die Grundrechte, soweit sie sich dazu eignen, auch unter Privaten wirksam werden (Art. 35 Abs. 3 BV). In diesem Rahmen sind Kirchen und Religionsgemeinschaften unabhängig von der öffentlich-rechtlichen Anerkennung an die Grundrechte gebunden. Der Staat verpflichtet diese indes nicht nur, die Grundrechte zu beachten, er gewährt ihnen zugleich das Grundrecht der Religionsfreiheit. Das führt zu einer Kollision zwischen dem aus dieser abgeleiteten Selbstbestimmungsrecht der Religionsgemeinschaften und einer Grundrechtsbindung, soweit sie ihrem Selbstverständnis zuwider läuft. Dieses Spannungsfeld ist auf dem Weg der praktischen Konkordanz mit einer Interessenabwägung in Anwendung des Verhältnismässigkeitsprinzips aufzulösen. Dazu muss hier der Hinweis genügen, dass *prinzipiell die Religionsfreiheit den Vorrang* geniessen muss, da deren Garantie sonst weitgehend illusorisch würde.

Soweit die qualifiziert als öffentlich-rechtliche Körperschaft anerkannte Kirche/Religionsgemeinschaft geliehene Hoheitsgewalt ausübt, hat sie – wie der Staat die Grundrechte der Bürgerinnen und Bürger – jene *ihrer* Mitglieder zu beachten. Auch in den übrigen äusseren Angelegenheiten sind die Kantonalkirchen und ihre Kirchgemeinden als grundrechtsgebunden zu betrachten; das ist der wesentliche Inhalt des Rechtsstaatvorbehalts. Allein dort, wo ein so enger Bezug zu einer inneren Angelegenheit der Kirche gegeben ist, dass deren Selbstverständnis betroffen ist, werden sich auch eine Landes- oder Kantonalkirche und ihre Kirchgemeinden auf die Religionsfreiheit berufen können und ist daher eine Interessenabwägung zwischen dieser und den anderen in Frage stehenden Grundrechten notwendig. Dabei dürfte der Umstand der öffent-

---

[10] Eingehend dazu: Felix Hafner, Kirchen im Kontext der Grund- und Menschenrechte, Freiburg (Schweiz) 1992, S. 293 ff.; ders. Grund- und Menschenrechte in der Kirche, in: Allgemeine juristische Praxis (AJP) 6/95, S. 703 ff.; Felix Hafner/Denise Buser, Frauenordination via Gleichstellungsgesetz?, in: AJP 10/96, S. 1207 ff.

lich-rechtlichen Anerkennung nicht unwesentlich zugunsten der anderen Grundrechte ins Gewicht fallen.

Als ausgeschlossen darf betrachtet werden, *bereits allein* aufgrund der Möglichkeit des Austritts eine Grundrechtsbindung der Religionsgemeinschaft zu verneinen. Bei der römisch-katholischen Kirche z. B. kommt hinzu, dass nach deren Verständnis ein Austritt grundsätzlich nicht möglich ist; und jener aus der öffentlich-rechtlichen Körperschaft ist nur gültig, wenn der Austritt aus der Kirche selber erklärt wird.[11] Es stellt daher – auch bei ihr als öffentlich-rechtlich anerkannter Kirche – einen Eingriff in die positive Religionsfreiheit dar, ohne weiteres den Austritt aus der Kirche als Glaubensgemeinschaft zuzumuten, um anderen schweren Grundrechtseingriffen zu entgehen. Auch insoweit kann nur eine Lösung im Rahmen der Interessenabwägung ein gangbarer Weg sein.

6   Innere Angelegenheit

Die Verwirklichung der Grund- und Menschenrechte in der Kirche/Religionsgemeinschaft selber ist indessen vorab eine innere Angelegenheit, in die der Staat in Beachtung der Religionsfreiheit grundsätzlich nicht eingreifen darf. Der Rechtsstaatvorbehalt bei der öffentlich-rechtlichen Anerkennung kann im Zuge der wachsenden Bedeutung der Grundrechte – insbesondere zum Beispiel der Gleichstellung von Mann und Frau – eine innerkirchliche Entwicklung jedoch unterstützen: Wie die demokratischen und rechtsstaat-

---

[11] Siehe dazu BGE 129 I 68 E. 3 und Giusep Nay, Leitlinien der neueren Praxis des Bundesgerichts zur Religionsfreiheit, in: René Pahud de Mortanges, Religiöse Minderheiten und Recht (FVRR Bd. 1), Fribourg 1998, S. 37 f. – Die durch Religionsangehörige errichtete öffentlich-rechtlich anerkannte Körperschaft muss die Mitgliedschaft nach dem Selbstverständnis der Religionsgemeinschaft definieren, d. h. nur wer danach Mitglied der Religionsgemeinschaft ist, kann auch Mitglied der Körperschaft sein. Dies verlangt eine Kirche/Religionsgemeinschaft zu Recht, weshalb sie aber auch anerkennen muss, dass eine Austrittserklärung sich auf den Austritt aus der Kirche/Religionsgemeinschaft beziehen muss, und ein blosser Austritt aus der Körperschaft nicht genügt.

lichen Anforderungen an die öffentlich-rechtliche Anerkennung im Laufe der Zeit höher wurden, soll auch das gestiegene Grundrechtsbewusstsein in die Religionsgemeinschaften einfliessen. Wenn dies jedoch nicht geschieht, kann der Staat deswegen nicht stärker direkt in die Religionsfreiheit eingreifen. Vielmehr könnten zunehmende unüberbrückbare Kollisionen zwischen den Interessen und der Pflicht des Staates, die Grundrechte zu verwirklichen, und dem Selbstverständnis einer Kirche oder anderer Religionsgemeinschaften letztlich wohl allein zu einer Versagung der öffentlich-rechtlichen Anerkennung und damit zu deren Verweisung ins Privatrecht führen.

7 Die römisch-katholische Kirche und die Menschenrechte

Zu Kollisionen sollte es jedoch gar nicht kommen, jedenfalls nicht zu unüberbrückbaren. Denn auch die römisch-katholische Kirche – um auch hier bei dieser zu bleiben – betont die Bedeutung der Menschenrechte und hebt die Rolle der Kirche bei deren Entstehung und Entwicklung hervor.

In seiner Ansprache an das Gericht der Rota Romana 1979 wies Johannes Paul II. auf das historische Verdienst der Kirche an der Entstehung und Entwicklung der Menschenrechte hin. In seiner Enzyklika *Redemptor hominis* aus dem gleichen Jahr betont er, wie sehr die allgemeine Achtung der Menschenrechte mit der Sendung der Kirche in der Welt verbunden ist (RH 3,17). Er gedenkt auch des Erscheinens der historischen Enzyklika *Pacem in terris* Johannes XXIII., deren Aussagen in Erinnerung gerufen und bekräftigt werden.

In *Pacem in terris* (PT 1,9) hält Johannes XXIII. fest: «Die Grundlage jeder gut geordneten und fruchtbaren Gesellschaft ist der Grundsatz, dass jeder Mensch eine Person ist, d. h. ein mit Intelligenz und freiem Willen ausgestattetes Wesen. Deshalb ist er Subjekt von Rechten und Pflichten, die beide zusammen und unmittelbar aus seiner Natur fliessen; auch sind diese universell, unverletzlich und unveräusserlich». Daraus wird u. a. ein grundlegendes Recht der Person auf einen wirksamen und für alle gleichen rechtlichen Schutz der ihr eigenen Rechte in einer von Gott so gewollten Rechtsordnung abgeleitet (PT 1,27). Die grosse Bedeutung der Menschenrechte, die in der Natur des von Gott nach seinem Ebenbild geschaffenen Menschen begründet sind, für jede Gemeinschaft und damit auch für die Kirche wird deutlich, wenn in *Pacem in terris* (PT 1,44–45) gefolgt wird: In dem Masse, in dem sich der Mensch seiner Rechte bewusst wird, die er als Ausdruck seiner Würde geltend machen muss, keimt wie notwendigerweise in ihm das Bewusstsein entsprechender Pflichten; und wenn sich die Normen des Zusammenlebens in einer Gemeinschaft in Rechten und Pflichten ausdrücken, öffnen sich die Menschen spirituellen Werten und begreifen, was die Wahrheit, die Gerechtigkeit, die Liebe, die Freiheit ist, und werden sie dessen gewahr, dass sie einer Gesellschaft dieser Ordnung angehören.

Die Europäische Menschenrechtskonvention (EMRK) und der UNO-Pakt II über bürgerliche und politische Rechte wie auch unsere Bundes- und andere nationale Verfassungen und die reichhaltige Rechtsprechung dazu entwickelten und garantieren, unter vielen anderen wichtigen Menschenrechten, einen menschen- und verfassungsrechtlichen Minimalstandard gerechter und fairer Verfahren der Rechtsanwendung. Der Betroffene hat danach vor allem den Anspruch, dass die Behörde ihn vor Erlass eines Entscheides anhört und ihm Gelegenheit gibt, Einsicht in die Akten zu nehmen und seinen eigenen Standpunkt darzulegen. Fällt sie eine Entscheidung, muss sie eine Begründung dafür geben; der Betroffene darf über die Motive der entscheidenden Instanz nicht im Dunkeln gelassen werden.[12]

Diese Verfahrensgarantien sind konkreter und lebendiger Ausdruck des Respekts der administrativen Behörde wie des Richters vor der Person des oder der vom Verfahren Betroffenen. Sie gründen letztlich in der Garantie der Menschenwürde und bedeuten, dass keine Person als blosses Objekt eines administrativen oder gerichtlichen Verfahrens behandelt werden darf, sondern als Subjekt

---

[12] Vgl. J. P. Müller, Grundrechte in der Schweiz, Bern 1999, S. 493 ff.

auch von Verfahrensrechten zu betrachten ist; und selbstverständlich dann, und gerechterweise nur dann ebenso von Verfahrenspflichten.

8 Kirchliche Verwaltungs- und Gerichtsverfahren verstossen gegen die EMRK

Werden diese Menschenrechte gemäss der kirchlichen Lehre aus der Natur des Menschen als Gottesgeschöpf abgeleitet, müssen sie auch, ja um so mehr in *kirchlichen* Verwaltungs- und Gerichtsverfahren Geltung und Anwendung finden. Die Aufrufe und der Einsatz Johannes XXIII. und Johannes Paul II. für die Menschenrechte mögen zwar in der ganzen Welt ihre Früchte getragen haben, diese und die angeführten Aussagen von *Pacem in terris* finden jedoch in der Kirche selber keine oder kaum Beachtung.

So muss festgestellt werden, dass die Ordnung der römisch-katholischen Kirche für die Lehrprüfung von 1997 zwar entscheidende Verbesserungen gebracht hat, aber insbesondere das Menschenrecht des Betroffenen, von Beginn weg und in allen Stadien als Subjekt im Verfahren behandelt und vor jeder Entscheidung gebührend angehört zu werden, immer noch nicht gewährleistet. Dieses Verfahren hat nach Art. 8 der Ordnung zwei Phasen: «die interne Phase, die aus der am Sitz der Kongregation vorgenommenen Voruntersuchung besteht», an welcher der Betroffene in keiner Weise beteiligt ist; erst in der externen Phase, «welche die Beanstandung und den Dialog mit dem Autor vorsieht», wird er angehört, doch ist dann bereits entschieden, was an seiner Schrift zu beanstanden ist.[13] Sein Anspruch auf rechtliches Gehör ist daher nicht gewahrt.

Das Gleiche gilt für Mängel des kirchlichen Ehenichtigkeitsverfahrens, wie sie aus dem Urteil Pellegrini c. Italien, no. 30882/96, vom 20. Juli 2001 des Europäischen Gerichtshofes für Menschenrechte (http://hudoc.echr.coe.int) hervorgehen. Der Staat Italien

---

[13] http://www.vatican.va/roman_curia/congregations/cfaith/documents/
rc_con_cfaith_doc_19970629_ratio-agendi_ge.html

anerkennt kirchliche Ehenichtigkeitsurteile, wobei über deren Voll-
streckbarkeit im staatlichen Recht in einem Exequaturverfahren zu
befinden ist. Eine Frau, deren Ehe nach italienischem Recht ge-
schieden wurde, unter Verpflichtung des Ehemannes, ihr eine
Rente zu bezahlen, wehrte sich mit Erfolg vor dem Europäischen
Gerichtshof für Menschenrechte in Strassburg gegen die Vollstreckung der kirchlichen Nichtigerklärung ihrer Ehe, die zur Folge
gehabt hätte, dass sie die Ansprüche aus ihrer Unterhaltsrente
gänzlich verloren hätte; ihre Ehe hätte bei Vollstreckung als gar
nicht bestanden und nicht als durch Scheidung aufgelöst gegolten.
Der Ehemann wollte dies erreichen, indem er geltend machte, die
Ehe sei nach kirchlichem Recht wegen eines Hinderungsgrundes
der Verwandtschaft nichtig gewesen. Die betroffene Ehefrau war
im kirchlichen Gerichtsverfahren jedoch insbesondere nicht über
die Gründe ihrer Vorladung und das Recht auf einen Rechts-
beistand unterrichtet worden, als sie vorgeladen wurde. Sie hatte
auch keine Einsicht in die Akten und so keine Kenntnis nehmen
können von den durch ihren Ehemann und die angeblichen Zeugen
eingebrachten Sachverhaltselementen und der Stellungnahme des
Generalanwaltes. Deshalb erfüllte das in diesem Fall angewandte
abgekürzte kirchliche Ehenichtigkeitsverfahren die Verfahrensgarantien der Europäischen Menschenrechtskonvention (Art. 6
Ziff. 1) nicht, und der an diese gebundene italienische Staat hätte
das Urteil des kirchlichen Ehegerichts, das die Rota Romana in
zweiter Instanz trotz der Einwände der Ehefrau ausdrücklich ge-
stützt hatte, daher nicht vollstrecken dürfen. Indem er dies tat, ver-
letzte er die Menschenrechte der betroffenen Frau, und diese erhielt
dank dem Urteil aus Strassburg wieder Anspruch auf ihre Rente,
obwohl die Ehe kirchlich als nichtig erklärt worden war.

9   Bedeutung für einen Entzug der Missio canonica

Wenn wir dieses Urteil des Europäischen Gerichtshofs für Menschenrechte auf einen Entzug der Missio canonica einem durch
eine Kirchgemeinde angestellten Pfarrer gegenüber übertragen, bedeutet es: Auch der Kirchgemeinde oder der Landeskirche droht

eine Verurteilung wegen Menschenrechtsverletzung, wenn der Entzug vollzogen wird, obwohl das Verfahren die Garantien der EMRK missachtet hat.[14] Das Gleiche gilt für den Kanton bei einem Entzug der Missio canonica gegenüber einem Theologieprofessor oder einer Theologieprofessorin an seiner mit der Kirche vertraglich verbundenen Universität.[15] Für andere durch den Entzug berührte Menschen- und Grundrechtspositionen der betroffenen Person kann im Rahmen dieses Beitrages nur auf das oben zur Grundrechtsbindung der Kirche und zur Lösung der Kollision von Grundrechtsansprüchen mit jenem der Religionsfreiheit allgemein Gesagte hingewiesen werden.

Der Kanton hat die EMRK unmittelbar kraft staatlichen Rechts zu beachten, eine Landeskirche und ihre Kirchgemeinden aufgrund des mit der öffentlich-rechtlichen Anerkennung verbundenen Rechtsstaatvorbehalts.

Die der Kirche damit gesetzten Grenzen sollten sie in dem Masse nicht stören, als die Verwirklichung der Menschenrechte ihr selber ein grosses Anliegen ist.

---

[14] Diese Frage stellt sich u. a. im aktuellen Fall in der Kirchgemeinde Röschenz im Bistum Basel.

[15] Vgl. auch die Aussagen von René Pahud de Mortanges und Thomas Fleiner in: Georges Scherrer, Schweizer Juristen bemängeln fehlende Verfahrenstransparenz des Vatikans, in: Kipa-Woche Nr. 8/05, 21. Februar 2005.

Impulse des staatlichen Gleichstellungsrechts für die Kirchen

Adrian Loretan, Luzern

Themenstellung und Zielsetzung

In der Frage der Gleichstellung der Frau in Staat und Kirche gibt es ein Spannungsverhältnis zwischen kirchlichem Recht und staatlichem Recht. Um die Bedeutung der gewählten Thematik aufzuzeigen, weise ich zunächst auf die veränderte Stellung der Frau in Gesellschaft, Kirche und Staat hin.

Gesellschaftliche Entwicklung

Die sich wandelnde Stellung der Frau in der Gesellschaft führt dazu, dass Gleichstellungsfragen nicht nur auf der Ebene des politischen Entscheidungsprozesses, sondern auch in anderen Gesellschaftsbereichen wie Familie, Arbeitswelt und Wirtschaft, Bildung, Wissenschaft[1] und Kultur thematisiert werden. Der Grundsatz der Gleichberechtigung und Nichtdiskriminierung aufgrund des Geschlechts ist in das universale, europäische und nationale Recht eingegangen. Davon gehen bis heute Impulse aus für den Wandel der Stellung der Frau in der Gesellschaft.

---

[1] «An der Universität Zürich schliessen heute mehr Frauen als Männer ihr Studium mit dem Lizenziat ab. Bei den Promotionen bewegen sich die Frauen nahe an der 50-Prozent-Marke.» D. Vögeli, Das Ende des traditionellen Familienmodells?, in: NZZ vom 12. Jan. 2005, Jubiläumsausgabe, S. 33.

Kirchliche Entwicklung

Die Gleichberechtigung der Frau wurde erstmals in der Enzyklika *Pacem in terris* (1963) von Johannes XXIII. lehramtlich thematisiert. Das Zweite Vatikanische Konzil vertiefte diese Frage und die menschenrechtliche Argumentationsweise. Beides wurde mindestens teilweise in das neue Gesetzbuch (CIC 1983) der römisch-katholischen Kirche aufgenommen.

Spannungsverhältnis des Gleichstellungsrechts zwischen Staat und Kirche

Ziel dieses Vortrages ist es, das Spannungsverhältnis zwischen dem kirchlichen und dem staatlichen Gleichstellungsrecht darzustellen.

Es stellt sich die **staatskirchenrechtlich** interessante Frage, ob die Kirche mit Billigung des Staates für sich einen gleichstellungsfreien Raum beanspruchen kann.

Staatskirchenrechtlich ist zu fragen: Welche Rolle spielt der Staat für die Gleichstellungsfrage der Geschlechter in den Religionsgemeinschaften? Indem er kollektive Rechte oder subjektive Rechte der Religionsfreiheit im Konfliktfall mehr schützt, bezieht er Stellung.

- Nimmt der Staat durch die Gewährung von kollektiven Rechten Partei für die Religionsgemeinschaft gegen die subjektiven Rechte der Mitglieder einer Religionsgemeinschaft?
- Oder stellen die staatlichen Gerichte das Gleichstellungsrecht, und damit die subjektiven Rechte, über die kollektiven Rechte der Religionsgemeinschaft?

Mit der Frage, ob Grundrechte in den Kirchen denkbar sind, betreten wir ein grundlegendes Problem der **Kirchenrechtswissenschaft**: das Spannungsverhältnis zwischen den Ansprüchen der Kirche als Glaubensgemeinschaft einerseits und den subjektiven Rechten des einzelnen Kirchenmitgliedes andererseits. Lassen sich überhaupt theologisch ausgewiesene Glaubenswahrheiten mit subjektiven, am neuzeitlichen Autonomiebegriff orientierten Freiheitsrechten in einer Kirchenordnung verbinden? Soll ein Ausgleich zwischen Glaubenswahrheit und Freiheit gesucht werden? Oder soll – wie neuerdings wieder vorgeschlagen – die katholische Kirche bewusst die Anforderungen des demokratischen Rechtsstaates und entsprechend auch die subjektbetonte Philosophie von Immanuel Kant gering schätzen[2], um so den «garstig breiten Graben zwischen allgemeinen Vernunftwahrheiten und konkreten Geschichtswahrheiten»[3] zu überbrücken? Norbert Brieskorn stellt fest, dass «der Streit darüber, ob Menschenrechte überhaupt in der Kirche einen Platz haben, bis heute noch nicht ausgestanden ist.» [162][4]

Die Thematik zeigt das Spannungs- und Beziehungsverhältnis der beiden kirchlichen Rechtssysteme (Kirchenrecht und Staatskirchenrecht) auf.

Aufbau des Beitrags

Der Beitrag gliedert sich in drei Teile:

1. Die Entwicklung der Gleichstellung im staatlichen Recht (juristischer Teil);
2. Die Stellung der Frau in der Kirche (kanonistisch-theologischer Teil);
3. Das Spannungsverhältnis zwischen staatlichem und kirchlichem Gleichstellungsrecht (interdisziplinärer Teil).

Ich stütze mich in meinen Ausführungen vorwiegend auf die Doktorarbeit von Stella Ahlers: Die Stellung der Frau in Staat und Kirche – ein problematisches Spannungsverhältnis (ReligionsRecht im Dialog, Bd. 2, hrsg. von Adrian Loretan), Münster 2006.

---

[2] Vgl. Barbara Hallensleben, Priestersein – unmöglich!, in: Schweizerische Kirchenzeitung 173 (2005) 4–9, 5.

[3] Ebd.

[4] Zahlen in eckigen Klammern geben die Seitenzahlen der Dissertation von Stella Ahlers an: Die Stellung der Frau in Staat und Kirche – ein problematisches Spannungsverhältnis (ReligionsRecht im Dialog, Bd. 2), Münster 2006.

Der erste Teil dieser Dissertation diskutiert die wichtigsten Gleichstellungsnormen auf drei Rechtsebenen, auf universeller, europäischer und nationaler Ebene.

Der zweite Teil zeigt zuerst die Bemühungen um die Integration des Gleichstellungsanliegens in der Kirche auf, um dann auch die gegenteiligen Tendenzen zu analysieren.

Der dritte Teil zeigt das Spannungsverhältnis zwischen kirchlicher Selbstbestimmung und staatlicher Grundrechtsbindung (Religionsfreiheit und Gleichstellung der Geschlechter).

1 Die Entwicklung der Gleichstellung im staatlichen Recht

Im ersten Teil, dem juristischen Teil, will ich einige Gleichstellungsnormen des universellen und europäischen Rechts sowie des nationalen Rechts kurz erwähnen. Bei den nationalen Regelungen wird die Darstellung auf die Schweizer Bundesebene beschränkt.

1.1 Gleichstellungsnormen auf universeller Ebene

– Die Charta der Vereinten Nationen (1945)
– Die Allgemeine Erklärung der Menschenrechte (1948)
– Die UN-Menschenrechtspakte
  a) Der Internationale Pakt über bürgerliche und politische Rechte (IPBPR, 1966)[5]
  b) Der Internationale Pakt über wirtschaftliche, soziale und kulturelle Rechte (1966). Beide treten 1976 in Kraft.
  Art. 26 des IPBPR verlangt z. B., dass Vertragsstaaten «diskriminierende Praktiken zwischen Privaten im quasi-öffentlichen Bereich von Arbeitsverhältnissen, Schulen, Verkehrsmitteln, … etc. verbieten.» [14 f.] Bei der Anwendung dieser Drittwirkung auch auf Kirchen bleibt den Staaten aber ein

---

[5] Die Schweiz tritt 1992 bei.

grosser Spielraum, den sie auch zu Gunsten der Diskriminierten nutzen könnten.

– Übereinkommen zur Beseitigung jeder Form von Diskriminierung der Frau (1979)[6]. In diesem Übereinkommen bezeichnet der Ausdruck «Diskriminierung der Frau» jede mit dem Geschlecht begründete Unterscheidung, Ausschliessung oder Beschränkung, die bewirkt, dass die Frau in der Ausübung der Menschenrechte und Grundfreiheiten beeinträchtigt wird [17].

Da Frauendiskriminierung vor allem aus kulturell, sozial und religiös geprägten Rollenklischees und tradierten Rollenverteilungen resultiert, werden die Vertragsstaaten verpflichtet, Massnahmen zu ergreifen, um die entsprechenden Vorurteile sowie Praktiken zu beseitigen, die zur Überlegenheit eines Geschlechts beitragen. «In der Literatur findet sich die Interpretation, dass die Vertragsstaaten ... auch gegen Praktiken religiöser Institutionen vorzugehen hätten, die zwar nach aussen die Gleichheit der Geschlechter anerkennen, in ihrem Innenbereich Frauen aber von höheren Ämtern und Einflussmöglichkeiten ausschliessen würden.» [18]

1.2 Gleichstellungsnormen auf europäischer Ebene

– Gemäss Art. 14 der Europäischen Menschenrechtskonvention (1949)[7] ist eine Massnahme diskriminierend, wenn sie zwischen Personen oder Personengruppen differenziert, die in einer vergleichbaren Situation sind. Das 12. Zusatzprotokoll, das zur Verstärkung von Art. 14 dient, wird ein selbständig anfechtbares Diskriminierungsverbot gewährleisten.[8]
– Aus dem Recht der Europäischen Union sei aus den vielen einschlägigen Rechtsnormen nur auf einige wenige Normen des Gemeinschaftsrechts hingewiesen:

---

[6] In der Schweiz tritt es 1997 in Kraft.
[7] Die Ratifikationsurkunde der Schweiz wird 1974 hinterlegt.
[8] Die Schweiz hat es noch nicht unterschrieben, Deutschland hat es unterschrieben, aber noch nicht ratifiziert.

a) Der Vertrag zur Gründung einer Europäischen Union, der sog. Maastrichter Vertrag (EUV 1992) achtet die Grund- und Menschenrechte, wie sie in der Europäischen Menschenrechtskonvention gewährleistet sind [26].

b) Der Vertrag von Amsterdam (1997) macht die Gleichstellung von Frauen und Männern «zu einer Querschnittsaufgabe der Gemeinschaft» [25].

c) Der Vertrag zur Gründung der Europäischen Gemeinschaft (EGV) enthält fünf Bestimmungen, die die Gleichstellung von Frauen und Männern beinhalten [27].

d) Die Charta der Grundrechte der Europäischen Union enthält sowohl ein Gleichheitsgebot (Art. 20) als auch ein Diskriminierungsverbot (Art. 21).

e) Die Gleichbehandlungsrichtlinien konkretisieren den Grundsatz des gleichen Entgelts und dehnen die Gleichbehandlung von Frau und Mann auf weitere Bereiche aus. Zusätzlich werden Belästigungen des Geschlechts definiert und verboten [31]. Zu den wesentlichen Neuerungen gehört die Zulässigkeit von positiven Frauenförderungsmassnahmen, wie Quotenregelungen, die damit wieder neu ins Gespräch kommen [32].

1.3 Gleichstellungsnormen auf nationaler Ebene

– Der Verfassungsartikel zur Gleichstellung von Frauen und Männern wurde in der Schweiz erst 1981 in einer eidgenössischen Volksabstimmung angenommen (Art. 4 BV). In der nachgeführten Bundesverfassung von 1999 wurde dieser Artikel leicht modifiziert. Das Rechtsgleichheitsgebot wurde auf alle in der Schweiz lebenden Menschen ausgedehnt (Art. 8 Abs. 1) [40]. Der Gesetzgebungsauftrag (Art. 8 Abs. 3 Satz 2 BV) wurde konkretisiert. Der Gesetzgeber ist verpflichtet, die rechtliche und tatsächliche Gleichstellung der Geschlechter herzustellen. Es ist also ein Ziel dieses Artikels, den tradierten geschlechtsspezifischen Rollenmustern entgegenzuwirken [41]. Bei Militär und dem Zivilschutz differenziert die Bundesverfassung selbst nach dem Geschlecht [41].

Gemäss der schweizerischen Rechtslehre erstrecken sich die Grundrechte auch auf die horizontalen Rechtsbeziehungen zwischen Privaten. Unklarheit besteht, wie und inwieweit dies im Einzelnen zu geschehen hat [42].

– Das Bundesgesetz über die Gleichstellung von Frau und Mann geht aus vom Gesetzgebungsauftrag der rechtlichen und tatsächlichen Gleichstellung. Es hat die Förderung der tatsächlichen Gleichstellung im Erwerbsleben zum Ziel.

1.4 Zusammenfassende Würdigung der Normen des juristischen Teils

Seit 1945 lässt sich eine kontinuierliche Rechtsentwicklung der Gleichstellung von Frau und Mann auf universeller, europäischer und nationaler Ebene ablesen. Dies gilt sowohl für den Inhalt der Normen als auch für die Durchsetzungsinstrumente. Die fortschreitende Rechtsentwicklung zu Gunsten der Frauen kann auf allen drei untersuchten Ebenen nachgewiesen werden. Alle Regelungen sind erst nach heftigen Kontroversen und meistens unter grossem Einsatz von den jeweils beteiligten Frauen zustande gekommen. Dabei gingen vom internationalen und europäischen Gleichstellungsrecht starke Impulse aus auf die Entwicklung der nationalen Regelungen, vor allem durch den Druck des Europäischen Gemeinschaftsrechts bzw. des Europäischen Gerichtshofes.

In der feministischen Rechtsliteratur wird kritisiert, dass Frauen in den Überwachungsausschüssen der Menschenrechtsverträge und beim Europäischen Gerichtshof für Menschenrechte stark untervertreten sind. Damit fehle den Frauen bis heute die Definitionsmacht bezüglich der Menschenrechte.

Die Menschenrechte der ersten Generation, also die klassischen bürgerlichen und politischen Freiheitsrechte, konzentrieren sich im

Wesentlichen auf das Verhältnis zwischen Staat und Individuum. Der Staat soll sich gemäss diesem Konzept möglichst jeder Einmischung in die Freiheitsrechte der Bürgerinnen und Bürger enthalten. Das Ziel der Menschenrechte ist es, die private Sphäre vor staatlichen Eingriffen zu schützen.

Die Menschenrechte der zweiten Generation, also die sozialen und wirtschaftlichen Rechte, gestehen dem Staat eine aktivere Rolle zu. Die Staaten hatten aber einen sehr grossen Spielraum bei der Umsetzung dieser Menschenrechte. Da Frauen gemäss der traditionellen Rollenverteilung schwergewichtig im privaten, weniger vom Staat normierten Raum tätig sind, kommen sie deutlich weniger in den Genuss dieser Menschenrechte. Die Trennung in öffentlich und privat, d. h. die Unterscheidung von Bereichen, in denen der Staat eingreifen kann, wird als äusserst fraglich kritisiert. In der Rechtsliteratur wird bemängelt, dass sich die gesamtgesellschaftlichen Geschlechterrollen nur wenig verändert haben.

Bei aller Kritik in der Rechtsliteratur ist festzustellen, dass die in den bisherigen Abkommen, Pakten und Übereinkommen kodifizierten Menschenrechte eine starke Basis für die Durchsetzung lang anstehender Gleichstellungspostulate geschaffen haben. Die ungenügende Durchsetzung wird aber in der Rechtsliteratur weiterhin kritisiert.

Die Schweiz wird aufgefordert, alle Menschenrechtsverträge und insbesondere das Übereinkommen zur Beseitigung jeder Form von Diskriminierung der Frau umzusetzen, ihren Vorbehalt zu Art. 26 des Internationalen Paktes über bürgerliche und politische Rechte IPBPR zurückzuziehen und das Protokoll Nr. 12 der EMRK, das ein Diskriminierungsverbot der Frau enthält, zu ratifizieren. Schliesslich soll die Schweiz einen verbindlichen Strategieplan zur Integration der Geschlechterfrage in allen Politikbereichen ausarbeiten. Damit wird das so genannte Gender Mainstreaming angesprochen.

Gender Mainstreaming bedeutet die Reorganisation, Verbesserung, Entwicklung und Evaluation von Entscheidungsprozessen in allen Politikbereichen und Arbeitsbereichen einer Organisation mit dem Ziel, die Perspektive des Geschlechterverhältnisses in alle Entscheidungsprozesse einzubeziehen und alle Entscheidungsprozesse für die Gleichstellung der Geschlechter nutzbar zu machen. Auf der Vierten Weltfrauenkonferenz in Peking (1995)[9] kam das Gender Mainstreaming zum Durchbruch. Seither ist es für die Arbeit der Vereinten Nationen verpflichtend und fand so Eingang in das Recht der Europäischen Gemeinschaft und der einzelnen europäischen Länder. Diese neuen Formen der Rechtsumsetzung und Rechtsdurchsetzung sollen der Gleichstellung der Frauen und Männer nicht nur im Recht, sondern in der faktischen Realität zum Durchbruch verhelfen.

2 Die Stellung der Frau in der Kirche

Im zweiten Teil, dem theologisch-kanonistischen Teil, wird gezeigt, wie die römisch-katholische Kirche auf die sich wandelnde Stellung der Frau reagiert hat.

2.1 Kirchliche Bemühungen um Gleichstellung

In einem ersten Schritt werden die kirchlichen Bemühungen um die Gleichstellung der Frau in ausgewählten kirchenamtlichen Texten und im kirchlichen Recht nachgewiesen.

Die Enzyklika *Casti conubii* von Pius XI. (1930) prangert einige Verwegene an, die an Stelle des Gehorsams der Frau gegenüber ihrem Mann der Frau völlig gleiche Rechte zubilligen wollen. Die Frau wird im CIC 1917 als Jungfrau oder als Ehefrau und Mutter verstanden, die dem Mann untergeordnet ist, oder als eine Gefahrenquelle für den Priester, den Zölibat zu brechen.

Wie anders tönt hier das Glaubensbekenntnis von Johannes XXIII., der es als Aufgabe des Priesters erachtet, «dem Menschen als solchem zu dienen, nicht bloss den Katholiken, ... in erster Linie und überall die Rechte der menschlichen Person und nicht nur diejenigen der katholischen Kirche zu verteidigen.»[10] Johannes XXIII.

---

[9] Auf dieser Pekinger Weltfrauenkonferenz war auch die katholische Kirche vertreten, repräsentiert durch eine Frau.

hatte als erster Papst die sich wandelnde Stellung der Frau positiv gewürdigt. Etwas mehr als 30 Jahre nach Casti conubii trat er in der Enzyklika *Pacem in terris* für die gleichen Rechte von Frauen und Männern in der Ehe ein (PT 15).

Das Zweite Vatikanische Konzil greift diese menschenrechtliche Argumentationsweise des Papstes auf:[11]

– «Es gibt also in Christus und in der Kirche keine Ungleichheit aufgrund der Rasse und Volkszugehörigkeit, sozialer Stellung oder Geschlecht; denn es gilt nicht mehr Jude und Grieche, nicht Sklave und Freier, nicht Mann und Frau; denn alle seid ihr einer in Christus Jesus.» (LG 32)

– «Jede Form einer Diskriminierung in den gesellschaftlichen und kulturellen Grundrechten der Person, sei es wegen des Geschlechts oder der Rasse, ... der Sprache oder der Religion, muss überwunden werden und beseitigt werden, da sie dem Plan Gottes widerspricht. Es ist eine beklagenswerte Tatsache, dass jene Grundrechte der Person noch immer nicht überall unverletzlich gelten; wenn man etwa der Frau das Recht der freien Wahl des Gatten und des Lebensstandes oder die gleiche Stufe der Bildungsmöglichkeit und Kultur, wie sie dem Mann zuerkannt wird, verweigert.» (GS 29)

Ein eigener Abschnitt soll nun der *Konzilsgeschichte aus Frauensicht* [61 ff.] gewidmet werden. Diese wurde u. a. von der Schweizer Staatskirchenrechtlerin und Menschenrechtlerin Gertrud Heinzelmann (1914–1999) mitgeprägt. Sie erhob Anklage gegen das Männerkonzil und widerlegte mit Thomas von Aquin die bisherigen theologischen Argumente für die Nichtzulassung der Frauen zum geweihten Amt in der Kirche [62 ff.].[12] Sie blieb mit ihrem

---

[10] Deutsch zitiert nach: Ludwig Kaufmann/Nikolaus Klein, Johannes XXIII. Prophetie im Vermächtnis, Fribourg/Brig 1990, 24.

[11] Die Argumentationsweise des Konzils orientierte sich implizit an der Allgemeinen Erklärung über die Menschenrechte (1948).

[12] «Die traditionellen Vorbehalte gegenüber einem Amtspriestertum der Frau bestehen also nicht mehr. Gibt es aber nicht eine kontinuierliche und verbindliche Lehre der Kirche hinsichtlich des Ausschlusses der

Einsatz für das Frauenpriestertum nicht allein: z. B. wollten Kardinal J. Daniélou [65, 117], Kardinal Flahiff [71], die Päpstliche Bibelkommission [72], das holländische Pastoralkonzil [75] und die Schweizer Synoden [86] die Frage weiter verfolgen. Entscheidend war z. B. auch der Einsatz der St. Joan's Alliance für Frauenrechte am Rande des Konzils, die die Frauenfrage bei Männern wie Hans Küng erst bewusst machten [65].

Ein erster Schritt der Öffnung, bei dem allerdings die menschenrechtliche Argumentationsweise fehlt, ist die Zulassung von Laien und damit auch Frauen zu kirchlichen Ämtern (LG 33, AA 24). Sie bewirkt, dass Frauen im CIC 1983 neu eine Vielzahl von kirchlichen Ämtern offen steht (z. B. Professorin, Pastoralassistentin, Kanzlerin etc.). Schliesslich wurde eine Reihe von Diskriminierungen im kirchlichen Recht gestrichen. Beispiele sind die rechtliche Gleichstellung der Ehepartner (can. 1135) und die annähernd rechtliche Gleichstellung im Ordensrecht (can. 606).

2.2 Gegenläufige Tendenzen

In einem zweiten Schritt gilt es nun, die gegenläufigen Tendenzen herauszuarbeiten. Das auffälligste Beispiel ist der Ausschluss der Frauen von den Weiheämtern aufgrund des Geschlechts (can. 1024).

Im Dokument *Inter Insigniores* (1976) wurden die *neuen* Argumente [117 ff.] gegen das Frauenpriestertum vorgetragen. Stella Ahlers diskutiert diese. «Wären die Argumente, die die Glaubenskongregation gegen das Frauenpriestertum vorbringt, wirklich die einzigen, dann müsste es eigentlich unmittelbar vor der Türe, auch vor der vatikanischen Tür stehen», schrieb Kurt Koch [120]. *Ordinatio sacerdotalis* (1994) wiederholt die Argumente, steigert aber den Verbindlichkeitsgrad der Lehre (definitive tenendam [123])

Frauen von der Priesterweihe?» Helmut Hoping, Der Ausschluss von kirchlichen Weiheämtern aufgrund des Geschlechts. Ein Modernitätskonflikt, in: Denise Buser/Adrian Loretan, Gleichstellung der Geschlechter und die Kirchen, Freiburg (Schweiz) 1999, 38–51, 45.

von der nur Männern vorbehaltenen Priesterweihe. Nachdem auch die *Antwort auf den Zweifel bezüglich der im Apostolischen Brief Ordinatio sacerdotalis enthaltenen Lehre* (1995) der Glaubenskongregation die theologische Diskussion über die Verbindlichkeit der Lehre nicht beendete, entschieden Johannes Paul II. und die Glaubenskongregation, die Lehre von *Ordinatio Sacerdotalis* mit kanonistischen Mitteln durchzusetzen.

Das Motuproprio *Ad tuendam fidem* (1998) fügt dem CIC 1983 erstmals zwei Rechtsnormen bei: can. 750 § 2 und can. 1371 n. 1. In can. 750 § 2 wird erstmalig im CIC der sekundäre Gegenstandsbereich des kirchlichen Lehramtes geregelt.[13] Gemäss can. 1371 n.1 macht sich strafbar, wer eine Lehre im Sinne von can. 750 § 2 hartnäckig zurückweist und auch nach Verwarnung nicht widerruft. Aus dem lehrmässigen Kommentar der Glaubenskongregation zur Schlussformel der *Professio fidei* geht hervor, dass die in *Ordinatio sacerdotalis* vorgetragene Lehre über die nur Männern vorbehaltene Priesterweihe eindeutig in den Sekundärbereich des unfehlbaren Lehramtes und damit unter can. 750 § 2 fällt. Diese Lehre ist damit auch durch die Strafandrohung von can. 1371 n. 1 verschärft. Damit ist die Lehre vom Ausschluss der Frauen von der Priesterweihe zu einer strafrechtlich sanktionierten Rechtspflicht für alle Gläubigen geworden, nicht nur für die Amtsträgerinnen und Amtsträger [126].

Das *Schreiben über die Zusammenarbeit von Männern und Frauen in der Kirche und in der Welt* (2004) bringt keinerlei neue Lehraussagen, zeichnet aber ein Frauenbild, das den Ausschluss der Frauen von der Weihe untermauert. Die Frau wird wieder ausschliesslich als Mutter und in ihrer Bedeutung für die Familie gesehen und kaum als Person mit gleichen Rechten [127]. Sie erscheint nicht als Subjekt gesellschaftlichen und kirchlichen Handelns [131]. Die kirchlich verbindlichen Texte zur Gleichheit der Geschlechter (Gen 1,27; Gal 3,28; Pacem in terris; LG 32; GS 29; can.

---

[13] Zum Sekundärbereich des kirchlichen Lehramtes gehören diejenigen endgültig vorgelegten Lehren, die zwar nicht direkt oder unmittelbar geoffenbart sind, die aber doch in mittelbarem Zusammenhang mit der Offenbarung stehen [125].

208 CIC 1983) werden vom Schreiben nicht erwähnt. Das darin enthaltene Frauenbild steht in einem engen Zusammenhang mit dem geschlechtsspezifischen Weihevorbehalt [131 f.].[14]

3 Das Spannungsverhältnis zwischen staatlichem und kirchlichem Gleichstellungsrecht

Im dritten Teil des Vortrages, dem interdisziplinären Teil, stelle ich zwei Problemkreise dar. Wir befragen einerseits den Staat und andererseits die Kirche nach Konfliktfeldern, die sich aus der geschlechterbedingten Zulassung zu den geweihten Ämtern ergeben können.

3.1 Herausforderungen für staatliche Gerichte

Für staatliche Gerichte könnte sich die Frage stellen: Welches der beiden vom Staat garantierten Grundrechte geht vor:

- die Religionsfreiheit (mit dem Selbstbestimmungsrecht) oder
- die Gleichstellung der Geschlechter (mit dem Diskriminierungsverbot)?

Die Verbindlichkeiten des nationalen, europäischen und universellen Gleichstellungsrechts für die römisch-katholische Kirche im Hinblick auf die fehlende Frauenordination werden diskutiert. Es fragt sich staatskirchenrechtlich, ob das in der Schweiz geltende staatliche Gleichstellungsrecht nicht auch für die Kirche verbindlich ist.

---

[14] Vgl. Doris Ladstaetter, Eine Frage der Familie, in: Facts. Das Schweizer Nachrichtenmagazin 20/2005, 17. März 2005, 64–65: «Italien ist eine Entwicklungsland in Sachen Gleichberechtigung: Nur drei Prozent der Top-Jobs sind von Frauen besetzt.» (64) Hängt das mit der langen kirchlichen Prägung zusammen?

Wie verbindlich ist für den Staat der verfassungsrechtliche Grundsatz der Gleichberechtigung der Geschlechter und der Grundsatz der Nichtdiskriminierung aufgrund des Geschlechts? Diese Frage wird von staatlichen Gerichten in Deutschland, in der Schweiz, in Brüssel (Europäischer Gerichtshof) und in Strassburg (Europäischer Gerichtshof für Menschenrechte) noch zu entscheiden sein. Eine Klage wurde bisher nicht eingereicht. Allerdings halten K. Sahlfeld[15] und einzelne Anwälte eine solche für wünschenswert [160].

Vor dem Parlament des Europarates hat die Schweizer Vertreterin Rosmarie Zapfl-Helbling am 16. September 2005 ein Votum «Women and religion in Europe» abgegeben, das aufhorchen lässt. Die Gleichstellungsfrage wird den Religionsgemeinschaften nicht mehr länger erspart bleiben.

Umso wichtiger ist daher eine wissenschaftliche Arbeit wie die von Frau Dr. Ahlers, die in diesem Neuland erste Antworten versucht. Diese Wissenschaftlerin der Universität Luzern sieht aufgrund der unterschiedlichen Rechtslage und der unterschiedlichen Rechtsliteratur [158] durchaus unterschiedliche Antworten für die Schweiz und Deutschland, da das Selbstbestimmungsrecht der Religionsgemeinschaften im Rahmen der Religionsfreiheit in Deutschland viel stärker geschützt wird. Hier hat das Selbstbestimmungsrecht «im Verhältnis zu seiner Ausgestaltung in anderen Mitgliedstaaten der Europäischen Union seine maximale Ausprägung gefunden» [151]. «W. Rüfer [spricht] aber auch von der Möglichkeit der katholischen Priesterin kraft europäischen Rechts ..., wenngleich er selbst dies für ein ‹abstruses› und realitätsfernes Beispiel der mittelbaren Auswirkung des Europarechts auf das kirchliche Leben hielt» [151].

Der Islam in europäischen Staaten verstärkt die Fragestellung: Soll Religionsfreiheit praktisch in allen Bereichen gelten, die eine Religionsgemeinschaft vorschlägt? Damit würde in grossen Teilen der Gesellschaft das universale, europäische und nationale Gleichstellungsrecht der Geschlechter nicht gelten. Dies zeigt nur, dass die

---

[15] Der erste Doktorand der Rechtswissenschaftlichen Fakultät an der Universität Luzern.

Debatte um das Verhältnis zwischen Religionsfreiheit und Gleichstellung der Mitglieder erst begonnen hat.

3.2 Herausforderungen für die Kirche

In einem zweiten Problemkreis sind Konfliktfelder zu benennen,
die sich für die Kirche aus dem geschlechterbedingten Ausschluss
der Frauen von der Weihe vor dem Hintergrund des Gleichstellungsrechts ergeben. Kann die Kirche in der Gesellschaft *glaubwürdig* für die Menschenrechte eintreten und die Rechte der Frauen in
den eigenen Reihen aus theologischen Gründen so stark beschränken? Paul VI. jedenfalls schreibt: «Aus ihrer eigenen Erfahrung
weiss die Kirche, dass ihr Einsatz für die Förderung der Menschenrechte in der Welt eine ständige Selbstprüfung und Reinigung ihres
eigenen Lebens, ihrer Gesetze und Institutionen und Planungen verlangt» [164]. So könnte sie «eine Grossbewegung zur Verteidigung
und zum Schutz der Würde des Menschen» (Johannes Paul II.) sein
[164]. Denn eine Trennung zwischen innerkirchlichem Gemeinschaftsethos und profan-gesellschaftlichem Gemeinschaftsethos ist
für viele theologische Autoren (Hilpert, Halter, Heimbach-Steins,
Luf etc.) nicht begründbar [165 f.].
  Bricht durch die «legitimierte» Diskriminierung der Frauen *ein
gespaltenes Verhältnis der katholischen Kirche zur Moderne*, zum
demokratischen Rechtsstaat auf?[16] Vor allem so offensichtliche
Diskrepanzen zwischen kirchenrechtlichen Normen einerseits und

---

[16] Religionsgemeinschaften und Staaten sind aber in pluralistischen Gesellschaften aufeinander gegenseitig angewiesen. Bundesrat Moritz Leuenberger hat dies vor der Europäischen Gesellschaft für katholische Theologie wie folgt umschrieben: «Der Staat lebt also von Voraussetzungen,
die er allein nicht garantieren kann, ohne dabei das Fundament der Freiheit in Frage zu stellen. ... Für die Religionen gilt die gleiche Beschränkt-
heit wie für den Staat, denn auch sie können ihre Religionsfreiheit allein
nicht garantieren.» (Moritz Leuenberger, Die Wiederkehr des Religiösen
in die Politik, in: Bulletin ET 15 (2004) Heft 2, 164–174, 171.) Noch
weniger können sie den religiösen Frieden unter den Religionsgemeinschaften garantieren.

selbstverständlichen Standards und Gerechtigkeitskriterien moderner Rechtsstaatlichkeit andererseits tragen nicht zur Glaubwürdigkeit der Kirche in der Öffentlichkeit bei. Nicht nur der Islam sollte sich mit den Anforderungen der modernen pluralistischen Gesellschaft und des den Religionsfrieden garantierenden Rechtsstaates auseinandersetzen [170].[17] Dabei spielt das Gleichstellungsrecht keine unbedeutende Rolle.

Das Verhältnis der Kirche zu den Frauen wird von «grossen Akzeptanzproblemen» geprägt, die in der theologischen Literatur besprochen werden [167]. Wird die Frage der Gleichstellung dadurch gelöst, dass die Frauen sich in Europa von der Kirche abwenden? Die Frauen sind für die Kirche aber die wichtigsten Personen, die den Glauben an die nächste Generation weitergeben, wie neuere empirische Studien belegen [168].

4 Zusammenfassung

Seit 60 Jahren (1945) ist die Gleichstellung der Geschlechter ein integraler Bestandteil des universellen, europäischen und nationalen Rechts der Rechtsstaaten und Staatengemeinschaften geworden. Damit ist eine unumkehrbare Entwicklung in Gang gesetzt, die das gesellschaftliche Wertebewusstsein und das Rechtsempfinden prägt, trotz der noch nicht befriedigenden Umsetzung des Gleichstellungsrechts und der nach wie vor bestehenden Mängel bei der Verwirklichung der tatsächlichen Gleichstellung. Tradierte Rollenmuster werden in Frage gestellt und versteckte Diskriminierungen wegen des Geschlechts werden öffentlich angeklagt.

Auch die Kirche hat seit 1963 (*Pacem in terris*) den Grundsatz der Gleichheit der Geschlechter anerkannt. Das Zweite Vatikanische Konzil hat sogar die Rolle der Anklage übernommen (GS 29).

---

[17] «Aus ihrer Binnenperspektive [ist] das Verhältnis der religiösen Gemeinde (a) zum liberalen Staat, (b) zu den anderen Religionsgemeinschaften und (c) zur säkularisierten Gesellschaft im Ganzen neu [zu] bestimmen.» Jürgen Habermas, Intoleranz und Diskriminierung, in: Aram Mattioli/Markus Ries/Enno Rudolph (Hrsg.), Intoleranz im Zeitalter der Revolutionen, Zürich 2004, 43–56, 46.

Diese nun auch lehramtlich begründete Gleichheit der Geschlechter fand Eingang in das nachkonziliare Gesetzbuch.[18] Gemäss Konzil und CIC 1983 wurden Frauen auch stärker zu kirchlichen Ämtern (LG 33; AA 24; can. 228) zugelassen: z. B. Theologieprofessorin, Pastoralassistentin, Gemeindeleiterin (can. 517 § 2), Kanzlerin und Richterin etc.

Trotz dieser nicht zu unterschätzenden Entwicklung im kirchlichen Recht ist die volle Gleichstellung von Frauen und Männern in der Kirche nicht verwirklicht. Frauen sind aufgrund ihres Geschlechts von der Weihe ausgeschlossen (can. 1024). Damit ist ihnen der Zugang zu vielen wichtigen Leitungsfunktionen verunmöglicht. Seit dem Konzil haben deshalb namhafte Kardinäle, Theologen, Staatskirchenrechtlerinnen, Kommissionen, Synoden gefordert, die Frage der Priesterweihe und der Diakonenweihe der Frau theologisch zu vertiefen. 1976 (*Inter Insigniores*) wurde die Frage der Priesterweihe der Frau lehramtlich negativ entschieden. 1994 (*Ordinatio sacerdotalis*) wird der Verbindlichkeitsgrad der Lehre (definitive tenendam [123]) von der nur Männern vorbehaltenen Priesterweihe gesteigert. 1998 (*Ad tuendam fidem* und Kommentar der Glaubenskongregation) wird festgehalten, dass die in *Ordinatio sacerdotalis* vorgetragene Lehre vom Ausschluss der Frauen von der Priesterweihe zu einer strafrechtlich sanktionierten Rechtspflicht für alle Gläubigen geworden ist.

Im Sinne des *Kirchenrechts* ist der Ausschluss der Frauen von den geweihten Ämtern keine Diskriminierung, da in der heute geltenden Fassung des positiven Rechts keine Grundrechte mehr gewährt werden. Im staatlichen Recht (*Staatskirchenrecht*) ist der Ausschluss der Frauen von den geweihten Ämtern und damit von allen wichtigen Leitungsfunktionen der Kirche eine Diskriminierung aufgrund des Geschlechts.[19]

---

[18] Es gibt unter den Gläubigen «eine wahre Gleichheit in der ihnen gemeinsamen Würde und Tätigkeit zum Aufbau des Leibes Christi» (can. 208 CIC 1983). Denn es gibt in Christus und der Kirche keine Ungleichheit aufgrund des Geschlechts (LG 32).

[19] «Gemessen am Massstab des Gleichstellungsrechts stellt der allein mit dem Geschlecht begründete Ausschluss der Frauen von der Weihe und

Grundrechte gelten aber nicht nur zwischen Staat und Individuum, sondern auch gegenüber Privaten (wie der Kirche). Wieso toleriert der Staat einen gleichstellungsfreien Raum der Religionsgemeinschaften? Oder anders ausgedrückt: Warum «geniesst etwa die katholische Kirche das Recht, Frauen vom Priesteramt auszuschliessen, obwohl die Gleichberechtigung von Mann und Frau Verfassungsrang hat und in anderen Sektoren der Gesellschaft durchgesetzt wird?»[20] Die Diskriminierung der Frau wird toleriert wegen des Selbstbestimmungsrechts der Religionsgemeinschaften aufgrund der Religionsfreiheit. Daher geht man von einer staatlich bisher «legitimierten» Diskriminierung der Frau in den Religionsgemeinschaften aus. Werden die nationalen und internationalen Gerichte diese Haltung teilen?

Die gesellschaftliche Öffentlichkeit lehnt diese legitimierte Diskriminierung schon heute mehrheitlich ab. Auch die kirchliche Öffentlichkeit in der Deutschschweiz verlangt die Gleichstellung.[21] Kann die Kirche den gebildeten Frauen das Privilegium der «legitimierten» Diskriminierung der Frauen erklären? Oder werden Frauen aus der katholischen Kirche auswandern? Wer wird dann den Kindern der nächsten Generation den Glauben nahe bringen? Neuere empirische Studien zeigen, «dass die Religiosität von Frauen und Männern damit korreliert, wie oft deren Mütter während ihrer Kindheit und Jugend zur Kirche gingen.» [168]

Die Kirche verliert ihre Glaubwürdigkeit in den Öffentlichkeiten der europäischen Rechtsstaaten, die die Gleichstellung der Geschlechter garantieren. Wie will die Kirche langfristig in solchen Kontexten die Menschenrechte glaubwürdig vertreten können?

---

damit von den meisten wichtigen Leitungsfunktionen eine eindeutige Diskriminierung dar.» [137]

[20] Jürgen Habermas, Kulturelle Gleichbehandlung und die Grenzen des Postmodernen Liberalismus, in: Deutsche Zeitschrift für Philosophie 51 (2003) 367–394, 383–384.

[21] Frauen können nicht Priesterinnen in der katholischen Kirche werden. Von den befragten Katholiken in der Deutschschweiz und der Romandie finden 80 %, dies solle geändert werden. Vgl. Repräsentative Befragung zum Papstbesuch Mai 2004 in der Schweiz. gfs-zürich, Markt- und Sozialforschung P. Spichiger-Carlsson.

Die römisch-katholische Kirche und ihre Theologie stehen vor einem neuen europäischen Modernitätskonflikt!

Es wird die Frage gestellt, ob staatliche Behörden aufgrund der ihnen obliegenden Verpflichtung, Frauen besonderen Schutz zu gewähren und ihre tatsächliche Gleichstellung zu fördern (asymmetrischer Diskriminierungsbegriff), berechtigt oder eventuell gar verpflichtet wären, staatliche Leistungen an die römisch-katholische Kirche von der Gleichstellung von Frauen abhängig zu machen.

Dieser Beitrag versuchte die beiden Disziplinen Rechtswissenschaft und Theologie fruchtbar miteinander ins Gespräch zu bringen und folgte dabei der neuesten Arbeit von Frau Dr. Stella Ahlers. Durch den interdisziplinären Dialog entstehen neue Denkmodelle zur Lösung der anstehenden Fragen. Mit der Frage nach der Grundrechtsbindung der Religionsgemeinschaften wird ein noch kaum erschlossenes Feld der staatskirchenrechtlichen Rechtsinterpretation betreten. In jedem Fall werden sich die Religionsgemeinschaften mit dem säkularen europäischen Rechtsstaat auseinanderzusetzen haben, um ihre Sicht in die Diskussion einzubringen.

Das Miteinander von kirchenrechtlichen und öffentlichrechtlichen Strukturen als Lernchance

Die Ausgangslage ist bekannt: In den Kantonen der Deutschschweiz sowie in den Kantonen Jura, Freiburg und Waadt anerkennt der kantonale Staat die Angehörigen der römisch-katholischen Kirche als Körperschaften des öffentlichen Rechts. Mit dieser Anerkennung würdigt der Staat die Tatsache, dass die Kirche für Gesellschaft und Staat so bedeutsam ist, dass es nahe liegt, ihr eine Stellung im öffentlichen Recht einzuräumen. Mit dieser Anerkennung geht die Verleihung hoheitlicher Rechte einher, insbesondere das Steuerbezugsrecht und der erleichterte Zugang zu öffentlichen Einrichtungen (Daten der Einwohnerregister soweit nötig, Schulen, Spitäler, Gefängnisse etc.). Zugleich ist diese öffentlichrechtliche Anerkennung an bestimmte Voraussetzungen geknüpft, die mit den drei Stichworten demokratische Organisationsform, Rechtsstaatlichkeit und finanzielle Transparenz umrissen werden können.

1 Das sogenannte «duale System»

Wie es der Begriff der «Anerkennung» besagt, wird diese Rechtsform der Kirche nicht gegen ihren Willen auferlegt, sondern dieser aufgrund der geschichtlichen und aktuellen Bedeutung der Kirche für das Gemeinwesen anerboten. Damit ist auch gesagt, dass diese öffentlichrechtliche Anerkennung weder für den Staat noch für die Kirche wesensnotwendig ist. Setzt sich im Staat aufgrund der gesellschaftlichen Entwicklung die Überzeugung durch, dass eine Kirche oder Religionsgemeinschaft ihre besondere Bedeutung für die gesellschaftliche und politische Öffentlichkeit eingebüsst hat, kann die öffentlichrechtliche Anerkennung aufgehoben werden, so dass sie sich privatrechtlich zu organisieren hätte. Ebenso ist denkbar, dass die Kirchenangehörigen zur Überzeugung gelangen, dass die öffentlichrechtliche Anerkennung sie in ihren Möglichkeiten einschränkt oder eine Staatsnähe zum Ausdruck bringt, die faktisch nicht mehr gegeben ist. Dann können sie auf die Anerkennung verzichten und sich im Rahmen des Privatrechtes organisieren. Solange jedoch die öffentlichrechtliche Anerkennung der kommunalen und kantonalen Körperschaften besteht, führt dies in der römisch-katholischen Kirche zum Miteinander der gemäss dem Selbstverständnis der katholischen Kirche wesensnotwendigen kirchenrechtlichen Strukturen einerseits und der öffentlichrechtlichen Strukturen der römisch-katholischen Körperschaft anderseits. Dieser Sachverhalt wird gemeinhin als «duales System» oder als «Dualismus» bezeichnet.

Über Chancen und Tücken dieses typisch schweizerischen staatskirchenrechtlichen Systems ist in den letzten Jahren häufig und kontrovers diskutiert worden. Immer wieder ist dabei betont worden, dass ein gutes Miteinander der öffentlichrechtlichen und kirchenrechtlichen Strukturen an die Voraussetzungen des gegenseitigen Vertrauens (U. J. Cavelti), der Einvernehmlichkeit (R. Zihlmann) bzw. der Partnerschaftlichkeit (B. Kühne) gebunden ist. Da die öffentlichrechtlichen Körperschaften zwar das Leben der Kirche ermöglichen, aber gemäss dem Selbstverständnis der römisch-katholischen Kirche nicht im eigentlichen Sinne «Kirche» sind, wurde ihnen zudem nahe gelegt, sich als «auxiliär» (W. Gut) zu verstehen.

All diese Begriffe betonen zu Recht die Grundhaltungen, die notwendig sind, damit die Repräsentanten der beiden Strukturen fruchtbar zusammenarbeiten: Der Pfarrer und die Kirchenpflege (bzw. der Kirchenrat oder die Kirchenvorsteherschaft), der Generalvikar bzw. Bischofsvikar und die kantonalkirchlichen Behörden, der Bischof und der Zusammenschluss der kantonalkirchlichen Organisationen, die Schweizer Bischofskonferenz und die Römisch-Katholische Zentralkonferenz.

Dass dieses Miteinander gegenseitige Lernbereitschaft voraussetzt und dort, wo es gut funktioniert, demzufolge eine Lernchance darstellt, wird für all jene eine Selbstverständlichkeit darstellen, denen bewusst ist, dass das gute Zuhören für einen echten Dialog genau so wichtig ist wie das offene Wort, und dass gelingende Partnerschaft ebenso sehr auf der Achtung der Unterschiede wie auf den Gemeinsamkeiten beruht. Diese Lernchancen und notwendigen Lernprozesse könnten nun an mannigfachen Beispielen exemplifiziert werden: am Verhältnis von Geld und Geist, von Seelsorge und Administration, von Fragen des Glaubens und Fragen der Organisation.

Mein Anliegen, «das Miteinander von kirchenrechtlichen und öffentlichrechtlichen Strukturen als Lernchance» zu verstehen, ist jedoch grundsätzlicher und umfassender. Es geht bei diesem Miteinander ja nicht bloss um die Zusammenarbeit zweier Führungsstrukturen, die unterschiedliche Kompetenzen und Mittel einbringen, aber denselben Personen und letztlich derselben Sache verpflichtet sind. Sondern es geht um zwei unterschiedliche Rechtssysteme, die jeweils nicht nur die Leitungsstrukturen betreffen, sondern denen sämtliche Angehörige der kirchlichen Körperschaften bzw. sämtliche Glieder der römisch-katholischen Kirche unterstehen.

2   Ein komplexes Zusammenspiel

Wie komplex dieses Miteinander der beiden Rechtssysteme ist, möchte ich mit Hilfe eines Vergleichs verdeutlichen: Stellen wir uns das Miteinander der kirchenrechtlichen und der öffentlichrechtlichen Strukturen als Schachspiel vor, bei dem es den beiden Mitspielern nicht um das Gewinnen geht, sondern darum, miteinander zu spielen, voneinander zu lernen. «Weiss» wären die kirchenrechtlichen Strukturen, «Schwarz» die staatskirchenrechtlichen, denn «weiss» hat bekanntlich den ersten Zug. Soll dieses Schachspiel aber einigermassen das Miteinander der beiden Rechtssysteme abbilden, kann es sich nicht um ein gewöhnliches Schachspiel handeln, denn jede Seite spielt gemäss unterschiedlichen Regeln: «Weiss» spielt nach den Regeln des Codex Iuris Canonici, «Schwarz» nach den Regeln des jeweiligen kantonalen Staatskirchenrechts. Damit aber noch nicht genug: «Weiss» hat zum Teil andere Figuren als «Schwarz». Da gibt es einerseits den Bischof, den Generalvikar, den Pfarrer, die Pastoralassistentin oder den ständigen Diakon – und anderseits den Präsidenten der Synode, die Mitglieder des kantonalen Kirchenrates, die Kirchgemeindepräsidentin und den Gutsverwalter – um nur einige zu nennen. Aber es kommt noch schlimmer: In unserem dualen «Kirchenschach» sind beide Seiten nach ihren je eigenen Regeln für sämtliche Figuren zuständig: Gemäss den kirchenrechtlichen Regeln ist z. B. die Präsidentin einer Landeskirche ein ganz gewöhnliches «Schäfchen» bzw. ein «Bauer», um beim Bild des Schachspiels zu bleiben. Und gemäss den Regeln des Staatskirchenrechts hat der Generalvikar in der Kirchgemeinde, wo er seinen Wohnsitz hat, genau so wie ein ganz gewöhnliches Kirchenmitglied eine Stimme an der Kirchgemeindeversammlung, wenn es um die Abstimmung über die umstrittene Renovation der Kirche geht. Von «Weiss» gespielt müssen die «schwarzen» Figuren anderen Regeln folgen, als wenn sie von «Schwarz» gespielt werden.

Damit noch nicht genug: Auch die Frage, ob und wie die Figuren mitspielen können, wird von «Weiss» und «Schwarz» unterschiedlich beantwortet: Lässt sich ein Mitglied der Kirchenpflege zivilrechtlich scheiden und geht dann eine neue Partnerschaft ein, kann es auf den «weissen Feldern» nur noch eingeschränkt mitspielen, aber im eigenen «schwarzen» Bereich hat dies keine Auswirkungen. Anderseits spielt ein Priester ohne Schweizerpass auf den «weissen Feldern» eine wichtige Rolle, ist aber in manchen Kantonen in der Kirchgemeindeversammlung nicht stimmberechtigt, kann also gemäss den Regeln von «Schwarz» nicht mitspielen. Noch weitreichender ist ein weiterer Unterschied: Das Regelwerk von «Weiss» betrifft zusätzlich zur horizontalen Spielfläche auch die vertikale Dimension, ist also gewissermassen dreidimensional: Immerhin geht es im Kirchenrecht – etwa im Bereich der Sakramente oder der Glaubenslehre – auch um Fragen, die nicht nur das Zwischenmenschliche betreffen, sondern auch die Gottesbeziehung, ja das ewige Heil. Dieses Seelenheil, so der letzte Canon des CIC, sei «das höchste Gesetz» – «salus animarum suprema lex». Diese «vertikale», göttliche oder spirituelle Dimension spielt zwar bei den Entscheidungen von «Schwarz» hoffentlich auch eine Rolle – fliesst aber nicht unmittelbar in dessen Spielregeln ein. Zuletzt lohnt es sich, auch einen Blick auf die beiden «Spieler» zu werfen. Bei «Weiss» handelt es sich immer um einen einzelnen Amtsträger, der die Spielzüge bestimmt, sei es der Pfarrer, der Bischof oder der Papst. Das schliesst den Einbezug beratender und mitwirkender Gremien nicht aus – aber ohne den letztverantwortlichen Entscheidungsträger geht nichts. Nicht einmal ein ökumenisches Konzil könnte etwas beschliessen, dem der Papst nicht zustimmt. Und hinter diesem «weissen» Spiel, seinen Regeln und Akteuren, steht der Heilige Geist und damit Gott selbst, der seine Kirche lenkt. Nicht alles, aber doch Vieles und Entscheidendes ist «göttlichen Rechts» und steht damit auch für die Entscheidungsträger nicht zur Disposition. Auf der «schwarzen» Seite jedoch sitzt keine Einzelperson, sondern das Kollegium einer Behörde, eine Körperschaft oder deren gewählte Repräsentanten. Die Regeln von «Schwarz» sind keineswegs göttlichen Rechts, wohl aber Teil eines umfassenden rechtsstaatlichen Regelwerks, über das die Entscheidungsträger ebenfalls nicht frei verfügen können, einerseits wegen der Mitzuständigkeit der staatlichen Autoritäten, anderseits aber, weil der moderne demokratische Verfassungsstaat auf überpositiven Grundrechten beruht, die er auch per Mehrheitsentscheidung nicht ohne Weiteres ausser Kraft setzen kann.

3 Lernbedarf im Bereich der Grundstrukturen der beiden Rechtssysteme

Der Vergleich liesse sich noch weiterspinnen, aber der entscheidende Punkt ist zweifellos längst deutlich genug geworden: Das «und» zwischen den «kirchenrechtlichen» und den «staatskirchenrechtlichen» Strukturen sowie die schönen Begriffe «einvernehmlich» oder «partnerschaftlich» erwecken den falschen Eindruck, dass man es bei diesem «Miteinander» mit einer relativ einfachen Angelegenheit zu tun hat. Aber einige gemeinsame Spielregeln, eine gehörige Portion guten Willens und gesunder Menschenverstand reichen nicht aus, um dieses «Miteinander» in seiner eigentlichen

Tragweite zu erfassen und zu gestalten. Die Überlegung liegt nahe, von der Idee des «gemeinsamen Spiels» Abschied zu nehmen: Entweder, indem eine Seite sich so weit wie irgend möglich den Spielregeln der anderen unterzieht. Oder, indem jede Seite nach bestem Wissen und Gewissen ihr Spiel spielt – und man gemeinsam hofft, es werde mit einer pragmatischen Arbeitsteilung einigermassen recht herauskommen.

Berücksichtigt man aber, dass die kirchenrechtlichen und die staatskirchenrechtlichen Strukturen beide im Dienst derselben Kirche stehen, dass sie die gleichen Personen betreffen und dass sie beide in dasselbe gesellschaftliche Umfeld eingebettet sind, zu dessen Wohl und Heil sie bestehen, käme ein solches resignatives «Nebeneinander» letztlich einer Kapitulation vor der gestellten Aufgabe gleich.

Angesichts der gleichnishaft beschriebenen Verschiedenheit der beiden Rechtssysteme kann das gegenseitige Lernen jedoch auch nicht darin bestehen, die jeweils anderen Regelwerke und Strukturen einfach zu kopieren. Nur schon der Aufbau der römisch-katholischen Kirche in der Schweiz auf dem öffentlichrechtlichen Prinzip der Kirchgemeindeautonomie wäre ein Ding der Unmöglichkeit – von der Weltkirche ganz zu schweigen. Aber auch die direkte Übernahme der kirchenrechtlichen Normen für die Kirchenfinanzierung wäre nicht nur mit den öffentlichrechtlichen Strukturen unvereinbar, sondern auch im Privatrecht unmöglich. So könnte das Vereinsrecht nicht auf eine Diözese oder eine Pfarrei angewendet werden, denn für den Verein nach ZGB ist die Organstellung seiner Mitgliederversammlung ebenso unabdingbar wie das Recht auf Abberufung des Vorstandes. Es bräuchte also neben der kirchlichen Pfarrei, in der der Pfarrer allein die Letztverantwortung hat, einen Pfarreiverein mit einem Minimum an vereinsrechtlicher Demokratie – und schon wären wir wieder bei einer dualen Struktur mit unterschiedlichen Rechtssystemen.

Die «Lernchancen» im Miteinander von öffentlichrechtlichen und kirchenrechtlichen Strukturen liegen nicht primär im Bereich der oberflächlichen «Imitation» oder der «Kopie». Sie werden erst dann sichtbar, wenn die grundsätzliche Frage aufgeworfen wird, was die Kirche in unserer Zeit denn überhaupt zu lernen hat – und wenn man auf die Tiefenstruktur oder die Grundvoraussetzungen der beiden Rechtssysteme achtet[1].

4 Die vordringlichsten Lernfelder der katholischen Kirche in der Schweiz

Was aber sind die vordringlichsten «Lernfelder» der katholischen Kirche in der Schweiz? Aus meiner Sicht sind folgende zu erwähnen:

1. Die Kirche muss lernen, die Wahrheit des Evangeliums von Jesus Christus den Menschen unserer Zeit so nahe zu bringen, dass sie diese annehmen und als befreiende und rettende Wahrheit für sich selbst und für unsere Welt erfahren und im Alltag leben können.

2. Die Kirche muss lernen, die Zeichen der Zeit zu verstehen und mitten in der Wirklichkeit unserer schwierigen Welt und unserer unübersichtlichen Gesellschaft sichtbares und lesbares Zeichen für die heilende und liebende Gegenwart Gottes zu sein.

3. Die Kirche muss lernen, mit den tiefgreifenden Umbrüchen bezüglich ihrer eigenen Gestalt, ihrer gesellschaftlichen Stellung und der Beziehung der Kirchenangehörigen zur Institution Kirche so umzugehen, dass diese erfahren können, dass der Geist Gottes die Kirche leitet und ihre Gemeinschaft prägt und bewegt.

---

[1] Wie fruchtbar ein solcher gegenseitiger Lernprozess ist, wenn er nicht oberflächlich bleibt, sondern sich auf die Grundfragen bezieht, zeigt der Dialog von Jürgen Habermas und Joseph Ratzinger, Dialektik der Säkularisierung. Über Vernunft und Religion, Freiburg 2005. In seinem Aufsatzband, Zwischen Naturalismus und Religion, Frankfurt 2005, hat Habermas seine Vorstellungen bezüglich der erforderlichen gegenseitigen «Lernprozesse» religiöser und säkularer Bürger (10 f. und öfter) weiter entfaltet und damit rechtsphilosophische Anregungen gegeben, die auch für die Verhältnisbestimmung zwischen kirchenrechtlichen und öffentlichrechtlichen Strukturen bedenkenswert sind.

5   Lernen von den kirchenrechtlichen Strukturen

Es versteht sich von selbst, dass in erster Linie die kirchenrechtlichen Strukturen gefordert sind, sich dieser Lernfelder anzunehmen: Ihnen ist die Weitergabe und die authentische Auslegung des Evangeliums und der Tradition anvertraut, sie müssen in pastoraler Praxis und theologischer Theorie angemessen die Zeichen der Zeit deuten und darauf antworten, sie müssen «hören, was der Geist den Gemeinden sagt» (Offb 2,7 u. ö.) und in seiner Kraft die kirchliche Communio gestalten und leiten. In diesem Sinne gibt es einen unaufhebbaren Primat der kirchenrechtlichen vor den öffentlichrechtlichen Strukturen, so dass es sich bei deren Partnerschaft nicht um ein gleichberechtigtes oder gleichgestelltes Miteinander handeln kann. Zum richtigen Verständnis dieser Aussage ist allerdings dreierlei zu bemerken: Erstens, dass die «kirchenrechtlichen Strukturen» keineswegs nur das kirchliche Amt umfassen, sondern das ganze Volk Gottes. Zweitens, dass es durchaus legitime Diskussionen darüber gibt, ob die gegenwärtigen kirchenamtlichen Antworten auf diese Herausforderungen in allen Punkten evangeliumsund zeitgemäss sind. Und drittens, dass die öffentlichrechtlichen Strukturen trotz des Primates der pastoralen, kirchenamtlichen und kirchenrechtlichen Strukturen ihrerseits einen Beitrag zu diesen Lernfeldern leisten können.

Bevor ich jedoch auf die Lernchancen eingehe, welche durch die öffentlichrechtlichen Strukturen entstehen, möchte ich ein paar konkrete Hinweise darauf geben, was sie ihrerseits von den kirchenrechtlichen Strukturen lernen können bzw. bei der Wahrnehmung ihrer Aufgabe besonders zu beachten haben.

5.1 Wahrheit des Evangeliums

Was die Wahrheit des Evangeliums von Jesus Christus betrifft, gilt es für die öffentlichrechtlichen Strukturen zu beachten, dass diese Wahrheit einen umfassenden, ganzheitlichen und unverfügbaren Anspruch erhebt. Der Glaube an das Evangelium umfasst das ganze Leben und lässt sich daher nicht auf seine im engeren Sinne kirchlichen oder religiösen Ausdrucksformen beschränken. Das hat für das Miteinander der kirchenrechtlichen und staatskirchenrechtlichen Strukturen weitreichende Folgen: Einerseits lässt sich die Zuständigkeit der kirchenrechtlichen Strukturen nicht auf einen «innerkirchlichen Bereich» reduzieren, als gäbe es einen «äusseren» Bereich, den Christinnen und Christen unabhängig vom Evangelium gestalten könnten. Und anderseits sind die in den staatskirchenrechtlichen Strukturen engagierten Personen als Christinnen und Christen gefordert, all ihre Entscheidungen – auch jene, die sogenannt «weltliche» Belange betreffen – daran zu messen, ob sie mit der Wahrheit und dem Anspruch des Evangeliums von Jesus Christus vereinbar sind. So müssen – um nur ein Beispiel zu nennen – die Finanzentscheidungen staatskirchenrechtlicher Organe nicht nur den Anforderungen des für sie geltenden öffentlichen Rechts entsprechen, sondern auch dem Massstab des Evangeliums zu genügen suchen. Dieser Gesichtspunkt kommt – gerade in Zeiten knapper Mittel – oft zu kurz.

5.2 Zeichen der Zeit

Was die Zeichen der Zeit betrifft, so ist deren Beachtung sorgfältig von einer oft vorschnellen Anpassung an den «Zeitgeist» zu unterscheiden. Längst nicht alles, was mehrheitsfähig oder modisch ist und deshalb mit Zustimmung weiter Kreise innerhalb und ausserhalb des Kirchenvolkes rechnen kann, ist schon ein «Zeichen der Zeit», durch das Gott der Kirche etwas sagen will. Vielmehr fordert das Evangelium von der Kirche auch in unseren Tagen vielfach, dass sie «Zeichen des Widerspruchs» ist oder durch ihr Handeln solche Zeichen setzt. Die Traditionsverbundenheit und die damit verbundene Langsamkeit sowie die hierarchische und die damit von der Wählergunst unabhängige Leitungsstruktur der Kirche sind dafür keineswegs nur von Nachteil. Die Unabhängigkeit und die moralische Autorität des Papstes und vieler Bischöfe als Anwälte des Friedens und der sozialen Gerechtigkeit basieren nicht zuletzt auf diesen Grundlagen. Der Preis ist allerdings, dass manche Zeitzeichen viel zu spät wahr- und aufgenommen wurden. Trotzdem sind die demokratisch organisierten öffentlichrechtlichen Strukturen gut beraten, von dieser Spannung zwischen Offenheit für die Zeichen der Zeit und Widerstand gegen den Zeitgeist zu lernen.

5.3 Gestalt der Kirche

Was die Gemeinschaft der Kirche betrifft, so werden unsere öffentlichrechtlichen Kirchgemeinden und «Landeskirchen» von den kirchenrechtlichen Strukturen zu Recht immer wieder daran erinnert, dass die römisch-katholische Kirche sich als Universalkirche versteht. Sie ist weltweite Gemeinschaft in und aus lokalen Gemeinschaften. Zum Selbstverständnis der Kirche gehört zudem, dass sie samt ihren amtlichen Strukturen nicht Selbstzweck ist und auch nicht über sich selbst verfügen kann, sondern ganz und gar von Jesus Christus her lebt, «der das Haupt der Kirche ist, von dem aus der ganze Leib durch Gelenke und Bänder versorgt wird und durch Gottes Wirken wächst» (Kol 2,19). So gesehen kann es bei Entscheidungen, die in der Kirche zu fällen sind, nicht primär um das Wohlergehen und die Interessen der Institution selbst – oder gar um die Zufriedenstellung der Steuerzahler gehen. Vielmehr muss – um Joseph Ratzinger zu zitieren – das im Zentrum stehen, «wovon her und worauf hin sie [die Kirche, D.K.] da ist, darauf also, dass (mit den Worten der Augsburgischen Konfession zu reden), das Wort Gottes in seiner Reinheit und unverfälscht verkündet und der Gottesdienst recht gefeiert wird. Die Frage der Ämter [und erst recht der öffentlichrechtlichen Strukturen, D.K.] ist nur so weit wichtig, soweit sie dafür Vorbedingung bedeutet. Nochmals anders ausgedrückt: Das kirchliche Interesse ist nicht die Kirche, sondern das Evangelium. Das Amt sollte möglichst lautlos funktionieren und nicht primär sich selbst betreiben. Gewiss, jeder Apparat braucht einen Teil seiner Kraft auch, um sich selbst in Gang zu halten. Aber er ist um so schlechter, je mehr er im Selbstbetrieb aufgeht, und er wäre gegenstandslos, wenn er nur noch sich selbst betriebe.»[2] So sehr

---

[2] J. Ratzinger/H. Maier, Demokratie in der Kirche. Möglichkeiten und Grenzen, Limburg 2000, 20.

man diese klaren Worte der manchmal doch sehr selbstbezüglichen Amtskirche in Erinnerung rufen darf – auch die öffentlichrechtlichen Strukturen haben nur dann ihre Daseinsberechtigung, wenn sie im Dienst des Evangeliums und der Kirche stehen, und zwar der Gesamtkirche und nicht bloss ihrer eigenen Gemeinden und Kantone. Das Kirchturmdenken und den sprichwörtlichen Kantönligeist zu überwinden, ist eine der zentralen Herausforderungen für die staatskirchenrechtlichen Strukturen.

6 Lernen von den öffentlichrechtlichen Strukturen

Nachdem nun überdeutlich geworden ist, wie notwendig und hilfreich es für die öffentlichrechtlichen Strukturen ist, das Selbstverständnis der römisch-katholischen Kirche wahrzunehmen, zu respektieren und im Blick auf die eigenen Strukturen und das eigene Selbstverständnis davon zu lernen, soll nun von den Lernchancen die Rede sein, die sich für die kirchenrechtlichen Strukturen aus dem «Miteinander» mit den öffentlichrechtlichen Strukturen ergeben. Dabei wird sich – kaum unerwartet – zeigen, dass eine gewisse Komplementarität der Lernchancen besteht. Wiederum folgen wir den drei Leitbegriffen Wahrheit des Evangeliums, Zeichen der Zeit und Gestalt des kirchlichen Lebens.

6.1 Wahrheit des Evangeliums

Dass die kirchenrechtlichen Strukturen in Bezug auf die Wahrheit des Evangeliums etwas von den öffentlichrechtlich anerkannten kirchlichen Körperschaften lernen könnten, mag zunächst erstaunen, sind diese doch im Rechtssystem des weltanschaulich neutralen Staates verankert. Dieser moderne Verfassungsstaat gründet letztlich auf Grundwerten, wie sie die französische Revolution prägnant mit den Begriffen Freiheit, Gleichheit und Geschwisterlichkeit formulierte. All diese Werte sind aus christlicher Sicht tief im Evangelium verwurzelt, auch wenn die säkulare Gesellschaft oder andere Religionsgemeinschaften sie auch ohne diesen biblischen Hintergrund begründen. Die Freiheit gründet in der Erlösung durch Jesus Christus (Gal 5,1), die Gleichheit in der durch die Taufe verliehenen Gotteskindschaft unabhängig von Religion, sozialem Stand oder Geschlecht (Gal 3,26–28), an der geschwisterlichen Solidarität erkennt man die Schwestern und Brüder Jesu (Joh 13,34f). Dieses egalitäre und herrschaftskritische Ethos wird in neutestamentlichen Texten nicht zuletzt kritisch gegenüber religiösen Machtansprüchen in Anschlag gebracht (z. B. Mk 10,35–45; Mt 23,8–12). Zwar ist die römisch-katholische Kirche – nach grossen und lange anhaltenden Widerständen – seit dem Zweiten Vatikanischen Konzil zur unermüdlichen Anwältin für die Menschenrechte im gesellschaftlich-politischen Bereich geworden. Sie hat damit die in den gesellschaftspolitischen Bereich ausgewanderten und auch «antiklerikal» zugespitzten Werte gewissermassen wieder «heimgeholt». Ausgespart oder jedenfalls nicht konsequent genug einbezogen in diesen «Heimholungsprozess» von Freiheit, Gleichheit und Geschwisterlichkeit ist allerdings bis heute das Leben innerhalb der Kirche. Indem nun die öffentlichrechtlich anerkannten Körperschaften einerseits in dieser freiheitlichen und demokratischen Tradition verankert sind und andererseits alle Kirchenangehörigen umfassen, entsteht die Chance, jedenfalls innerhalb von deren Zuständigkeitsbereich auch in der Kirche (und nicht nur im Bereich von Staat und Gesellschaft) Freiheit, Gleichheit und Geschwisterlichkeit einzuüben. Dabei kann die Erfahrung gemacht werden, dass der Respekt vor der Freiheit des Individuums (etwa im Bereich der Freiheit der Meinungsäusserung), vor der Gleichheit (insbesondere zwischen Frau und Mann) und der Geschwisterlichkeit (etwa in der gerechten Verteilung der Beitragslasten) mit dem Einsatz für das Evangelium keineswegs unvereinbar sind. Damit werden Schritte zu einer Heimholung dieser ausgewanderten Werte in den kirchlichen Bereich gemacht, was nicht zuletzt die Glaubwürdigkeit der Kirche erhöht, wenn sie sich «ad extra» für die Menschenrechte einsetzt.

6.2 Zeichen der Zeit

Was die Achtsamkeit für die Zeichen der Zeit und die Notwendig-
keit betrifft, sich als Kirche den Menschen im eigenen gesellschaftlichen Kontext verständlich zu machen, sind die öffentlichrechtlichen Körperschaften durch ihre Stellung «zwischen Kirche und
Staat», durch die vielfältigen politischen und beruflichen Hinter-
gründe der Mitglieder ihrer Gremien, durch ihre Abhängigkeit von
politischen Entscheidungen zu religionsrechtlichen Fragen und
nicht zuletzt aufgrund ihrer finanziellen Verantwortung ganz direkt mit der «öffentlichen Meinung» über die Kirche konfrontiert
und auch von ihrem «Image» abhängig. Die kirchenrechtlichen
Strukturen können von ihnen einerseits lernen, ihre Botschaft und
ihre Anliegen in der Zivilgesellschaft in deren Sprache und Logik
verständlich zu machen. Anderseits können sie sehen, wie rechtliche und gesellschaftliche Entwicklungen durch die staatskirchenrechtlichen Strukturen zu deren Nutzen im kirchlichen Bereich aufgenommen und umgesetzt werden.

So sind die staatskirchenrechtlichen Strukturen herausgefordert,
die Aktivitäten, die besondere rechtliche Stellung und den Mittel-
bedarf der Kirche gegenüber dem Staat, der Öffentlichkeit und gegenüber ihren Steuerzahlern und -zahlerinnen glaubwürdig und
plausibel zu kommunizieren. Dabei müssen sie sich einer Sprache
und Denkweise bedienen, die nicht durch die kirchliche «Innen-
sicht» geprägt ist, und dem gesellschaftlichen Pluralismus Rech-
nung tragen. Sie leisten demzufolge – wenn sie diese Aufgabe gut
wahrnehmen – eine wichtige Übersetzungsarbeit. Wenn heute von
den kirchenrechtlichen Strukturen mit Nachdruck gefordert wird,
die Kirche müsse ihre «missionarische» Dimension wieder ent-
decken, werden die öffentlichrechtlichen Strukturen sie in diesem
Anliegen einer stärkeren Aussenorientierung und Offenheit für den
Markt des Religiösen und der Sinnsuche aus eigenem Interesse unterstützen – aber zugleich festhalten, dass schon der Begriff «missio-
narisch» diesem Anliegen diametral entgegenläuft und ausserhalb
einer theologischen Fachsprache nicht verwendet werden sollte.

Aber die öffentlichrechtlichen Strukturen leisten nicht nur den
Transfer von «innen» nach «aussen», sondern tragen auch recht-

liche Entwicklungen und gesellschaftliche Erfahrungen von «aussen» nach «innen». So haben sie die öffentlichrechtliche Entwicklung zur Gleichstellung der Geschlechter im staatlichen Religionsrecht nachvollzogen, aber auch den verstärkten Persönlichkeitsschutz im Bereich des Arbeitsrechts (z. B. bei Kündigungen oder im Bereich von Referenzauskünften), oder sich mit der Thematik der sexuellen Ausbeutung am Arbeitsplatz oder in Abhängigkeitsverhältnissen auseinandergesetzt. Und selbstverständlich sind sie permanent mit den Forderungen erhöhter finanzieller Transparenz konfrontiert. Wenn sie bei dieser Wahrnehmung ihres öffentlichrechtlichen Auftrags an der Schnittstelle von staatlichem Recht und kirchlicher Wirklichkeit zur Überzeugung kommen, dass manches im Staat oder in der gesellschaftlichen Öffentlichkeit überzeugender, glaubwürdiger, ja «evangeliumsgemässer» ist als in der eigenen Kirche, dann wissen sie sich zu Recht verpflichtet, auch die kirchenrechtlichen Autoritäten darauf aufmerksam zu machen, auch wenn diese das als Einmischung in ihre «inneren Angelegenheiten» empfinden. Durch die grössere Bedeutung der Grund- und Persönlichkeitsrechte ist zwischen öffentlichrechtlichen und kirchenrechtlichen Strukturen ein neuer Bereich von *res mixtae* entstanden, der von einiger Brisanz ist. Die kirchenrechtlichen Strukturen sind diesbezüglich aus sachlichen Gründen wie aus Gründen der öffentlichen Wahrnehmung und Glaubwürdigkeit der Kirche gut beraten, von den Entwicklungen im Bereich der öffentlichrechtlichen Strukturen zu lernen.

6.3 Gestalt der Kirche

Damit sind wir bereits beim dritten und letzten Lernfeld angekommen, der die Gestalt der Kirche, ihre gesellschaftliche Stellung und die Beziehung der Kirchenangehörigen zur Institution betrifft. Was dieses Lernfeld betrifft, möchte ich auf eigene Ausführungen verzichten, zumal ich meine Anliegen in Anlehnung an die Meinung von Staatskirchenrechtlern und Theologen bereits mehrfach vorgetragen habe. Gerne überlasse ich hier das Wort einem viel bedeutenderen Mann: Joseph Ratzinger, heute Papst Benedikt XVI. Er hat zusammen mit Hans Maier 1970 ein Büchlein herausgegeben mit dem Titel «Demokratie in der Kirche. Möglichkeiten und Grenzen»[3]. Dieses wurde im Jahr 2000, als er bereits seit vielen Jahren Präfekt der Glaubenskongregation war, mit Nachworten der beiden Autoren neu herausgegeben. Jenes von Kardinal Ratzinger ist deshalb bemerkenswert, weil er – offenbar zu seiner eigenen «Überraschung» feststellt, «dass ich alles damals Gesagte auch heute noch so vertrete» (78).

Zudem enthält dieses Nachwort die bemerkenswerte Feststellung, die Verwechslung der vielschichtigen Wirklichkeit Demokratie mit der «Anwendung des Mehrheitsprinzips» gleichzusetzen, sei ein «vulgäres Vorurteil» (79). «Es gibt Menschenrechte, Grundwerte des Menschen, die nie zur Debatte stehen können; erst das Einverständnis über diese gemeinsame Basis ermöglicht einen sinnvollen Streit über das jeweils neu zu Regelnde. Ein weiteres wesentliches Prinzip der Demokratie ist die Gewaltenteilung (Legislative, Exekutive, Rechtspflege), die den Bereich der Rechtspflege wiederum dem Mehrheitsprinzip entzieht» (79f). «Demokratie im ganzen könnten wir demgemäss als ein System sich gegenseitig begrenzender und tragender Freiheiten bezeichnen, in denen es darum geht, zum einen Recht und Würde des einzelnen zu schützen, aber zugleich ein Zusammenwirken aller zu ermöglichen, das dem gemeinsamen Guten (‹Gemeinwohl›) in materieller wie auch in moralischer Hinsicht dient» (81).

Schliesslich enthält dieses Nachwort einen Hinweis auf das im neuen Codex von 1983 grundsätzlicher und vielgestaltiger geregelte Recht der Vereinigungsfreiheit (can. 215), wobei J. Ratzinger darauf verweist, «dass ein Rechtsanspruch einer Gruppe auf Anerkennung als privater kanonischer Verein besteht, falls die Überprüfung der Statuten keine Beanstandung erbringt. So können frei gewachsene Initiativen sich auf vielfältige Weise ins Leben der Kirche einfügen und ihm neue Formen und Farben schenken» (90). Daran schliesst ein Plädoyer für «das Phänomen der ‹Bewegungen›» an (90), verbunden mit dem Hinweis, «dass im grossen und ganzen

---

[3] Joseph Ratzinger/Hans Maier, Demokratie in der Kirche. Möglichkeiten und Grenzen, Topos plus 348, Limburg 2000 (Erstauflage: 1970).

die Freiheit dieser Aufbrüche in Deutschland ungebührlich einge-
engt ist. Bei uns dominiert die Organisation. Alles muss seine Ordnung haben. Alles muss in den vorgesehenen Strukturen unterge-
bracht werden. Das Spontane stört, es wird ausgegrenzt. ... Aber
wenn alles den herrschenden Organisationsmustern unterworfen
wird, dann versiegt das frische Quellwasser des Lebens. Sterilität
ist die notwendige Folge davon.» Ratzinger schliesst sein Nachwort mit den Worten: «Demokratisierung in der Kirche – davon
bin ich fest überzeugt – kann nicht darin bestehen, noch mehr Ab-
stimmungskörperschaften einzurichten; sie besteht vielmehr darin,
dem Lebendigen in seiner Vielfalt mehr Raum zu geben.» (92)

Diese Kritik an einer durchorganisierten und überstrukturierten
Kirche müssen auch die schweizerischen öffentlichrechtlichen
Strukturen beherzigen, doch sei zugleich die kritische Rückfrage erlaubt, ob denn die «Hierarchisierung in der Kirche» nicht ebenfalls
dem «Lebendigen in seiner Vielfalt» im Wege steht.

Doch kehren wir zurück zu J. Ratzingers Text von 1970. Nachdem er sich kritisch mit seiner Ansicht nach unzutreffenden Auffas-
sungen zur Demokratisierung der Kirche auseinandergesetzt hat
(12–34), benennt er «vier Punkte, an denen die Kirchenverfassung
selbst auf demokratische Formen und Möglichkeiten verweist»
(35). Diese werden wie folgt erläutert:

«1.   Die Radiusbegrenzung des geistlichen Amtes» (37).

Diese bedeutet unter anderem, «dass alle jene Bereiche kirchlicher
Regierung, die nicht die eigentliche Leitung der Kirche aus dem
Evangelium her betreffen, wie kirchliches Bauwesen, kirchliche Fi-
nanzverwaltung u. a. m., auf eine diesem Bereich angemessene und,
soweit sachgemäss, demokratische Weise geregelt werden können
und sollen.» Damit sei «keineswegs eine Abdrängung des laikalen
und demokratischen Elements ins bloss Technisch-Administrative
gegeben: Anwendung des Evangeliums auf die konkrete Situation
der Kirche und Gesellschaft ist die eine notwendige Seite der Evan-
gelisierung, so unerlässlich wie die gottesdienstliche Versammlung
und durchaus eine Angelegenheit des Evangeliums selbst. ... Wenn
Entscheidungen dieser Art in Zukunft in Kooperation der ‹Amts-

träger› und der ‹Laien› gefällt werden, reicht eine solche Form von kirchlicher ‹Demokratie› weit über die Randbereiche kirchlicher Existenz hinaus.» (37 f.)

Gefordert wird im gleichen Zusammenhang, «um so mehr sollte sie [die Kirche] ein wesentliches Grundelement moderner Demokratie übernehmen: eine unabhängige Rechtspflege und den nur so zu sichernden Rechtsschutz des einzelnen vor Verwaltung und Exekutive» (38).

Diese Postulate der demokratischen Regelung der äusseren Angelegenheiten und der Gewaltenteilung kommen der Ausgestaltung unseres «dualen Systems» auffällig nahe.

«2.   *Der Subjektcharakter der Gemeinden:*
      zur Frage der Ämterbesetzung durch Wahlen» (38).

In diesem Zusammenhang fehle «die Erkenntnis, dass die jeweilige ecclesia als ecclesia, d. h. als Gemeinde ein Rechtssubjekt in der Kirche ist; dass es also in der Kirche nicht bloss die Ämter einerseits und die vielen einzelnen Gläubigen auf der anderen Seite gibt – jeweils Rechte für die einen und für die anderen, sondern dass die Kirche als solche, konkret als jeweilige Gemeinde, Rechtsträger, ja das eigentliche Subjekt ist, worauf sich alles andere bezieht.» (38 f.) Daraus – und aus der Tatsache, dass die einzelne Gemeinde ihren Subjektcharakter nur «in der Einheit mit der Gesamtkirche» recht ausüben kann (41), leitet er ab: «Amtsbestellungen sollten diesem Prinzip gemäss nie *nur* von oben erfolgen – hier muss an der seit dem 13. Jahrhundert zum Sieg kommenden Entwicklung entschieden Kritik geübt werden. … Zu einer Amtsbestellung gehört entsprechend dem Verhältnis von Orts- und Gesamtkirche immer sowohl der ortskirchliche wie der gesamtkirchliche Aspekt. … Der Anteil der Gesamtkirche muss um so umfassender sein, je mehr das betreffende Amt ins Ganze der Kirche hineinragt.» (41 f.)

Diese Forderung impliziert die Anerkennung von Wahlrechten und eine Wertschätzung der Ortsgemeinde, wie sie in den öffentlichrechtlichen Strukturen ebenfalls stark ausgepägt ist.

«3.   Die kollegiale Struktur der Kirche» (42).

In diesem Zusammenhang erläutert er die Einbindung jedes einzelnen Kirchenglieds und Amtsträgers in die «drei Kollegien …: Gemeinde – Presbyterat – Episkopat» und zitiert den Kirchenvater Cyprian: *nihil sine episcopo* (nichts ohne den Bischof) – *nihil sine consilio vestro* (nichts ohne den Rat des Presbyteriums, also der Seelsorgenden) – *nihil sine consensu plebis* (nichts ohne Zustimmung des Volkes). «In dieser dreifachen Form von Mitwirkung am Aufbau der Gemeinde liegt das klassische Modell kirchlicher ‹Demokratie› vor, die nicht aus einer sinnlosen Übertragung kirchenfremder Modelle, sondern aus der inneren Struktur der kirchlichen Ordnung selbst erwächst und daher dem spezifischen Anspruch ihres Wesens gemäss ist.» (42–44).

Wiederum werden hier Mitwirkungsrechte des Volkes Gottes anerkannt, analog der Ausgestaltung der öffentlichrechtlichen Strukturen in der Schweiz.

«4.   Die ‹Stimme des Volkes› als Instanz in der Kirche» (44).

In diesem Zusammenhang erinnert Ratzinger daran, «dass Kirche sich in Krisenzeiten gegen die Herrschenden immer mit Nachdruck auf das Volk, auf die Gemeinschaft der Glaubenden berufen und das demokratische Element gegen das fürstliche ins Spiel gebracht hat» (44). «Auch heute» wird «der Glaube der Gemeinden die wahre Form der Kirche der Zukunft gestalten.» (45) Nach einer erneuten kritischen Auseinandersetzung mit falsch verstandenen Demokratisierungstendenzen in der Kirche schliesst J. Ratzinger: «Dass hinter dem vieldeutigen und vielfach missverstandenen Schlagwort von der ‹Demokratisierung› sich ein wirkliches Problem und eine wirkliche Aufgabe verbirgt, die durch viele falsche Vorstösse nichts von ihrer Bedeutung verlieren, sollte durch die letzten Überlegungen deutlich geworden sein. Jede Stunde bringt Chancen und Gefahren für die Kirche, auch die heutige. Es ist töricht und unkritisch zu meinen, erst heute könne eigentlich die Kirche ihren wahren Verfassungsauftrag richtig erfüllen; es ist nicht weniger töricht und unkritisch, zu meinen, das Heute habe der Kirche nichts zu sagen, und sie könne sich ruhig ins Gewordene verschliessen: Auch und gerade das Zeitalter der Demokratie ist ein Anruf an sie, dem sie sich kritisch und offen zugleich zu stellen hat.» (46).

Dieses vierte Postulat berücksichtigt, wiederum analog zu den öffentlichrechtlichen Strukturen, dass die «Stimme des Volkes» auch als Gegenüber zu jener der Hierarchie und der Theologie eine Bedeutung für den Glauben und die Zukunft der Kirche hat.

7   Schlussbemerkung

Selbst wenn ich an diesem oder jenem Punkt – besonders was die Grundrechte der einzelnen Person in der Kirche und das Subsidiaritätsprinzip – einigen Diskussionsbedarf mit Joseph Ratzinger bzw. mit Papst Benedikt XVI. sehe, möchte ich seinen starken und im Jahr 2000 nochmals ausdrücklich bestätigten Worten nichts hinzufügen, sondern abschliessend nochmals auf das Bild der beiden Schachspieler zurückkommen, die sich trotz höchst unterschiedlichen Voraussetzungen ans gleiche Spielfeld setzen, nicht um zu gewinnen, sondern um voneinander zu lernen. In der Überzeugung, dass dies nicht nur möglich, sondern auch not-wendig und im wahrsten Sinne des Wortes heil-sam ist, fühle ich mich nicht nur durch meine eigenen Überlegungen, sondern auch durch die vielfach gelebte Praxis in der katholischen Kirche in der Schweiz, und – *last but not least* – durch den Demokraten, Theologen und Papst Benedikt XVI. bestätigt.

Die Konzilserklärung über die Religionsfreiheit

Adrian Loretan, Luzern

Die Erklärung des Zweiten Vatikanischen Konzils über die Religionsfreiheit *Dignitatis humanae* wurde 1965 verabschiedet, also vor mehr als 40 Jahren. Sie ist das letzte Konzilsdokument und war lange sehr umstritten. Sie ist aber auch «als eines der wichtigsten Ergebnisse dieses Konzils zu betrachten», so Walter Kardinal Kasper.[1]

Die Frage der Religionsfreiheit beschäftigte das Konzil von der ersten bis zur letzten Sitzung. Es kam dabei zu den wohl heftigsten und dramatischsten Debatten und Auftritten, welche dieses Konzil erlebt hat.

Schon während der *Vorbereitungsphase der Konzilserklärung* wurde von der dafür zuständigen Unterkommission das so genannte Dokument von Fribourg (November 1960) erarbeitet. Bereits in diesem Dokument wird die traditionelle Toleranzidee überschritten. Es bestimmt die unverletzliche Würde der menschlichen Person als den positiven Inhalt der Toleranz und nimmt damit den Ausgangpunkt beim Menschen.

Von Anfang an gehörten der Unterkommission an: Bischof François de Charrière von Lausanne als Vorsitzender, Bischof Emil de Smedt von Brügge (Relator) sowie die Theologen J. Hammer, G. Baum und G. Weigel. Am Ende der zweiten Sitzungsperiode kamen hinzu: J. C. Murray, P. Pavan, Y. Congar, B. Ahern, P. Benoit, St. Lyonet und F. McCool. Die engere Redaktionskommission bestand aus Bischof de Smedt, Hamer, Murray und Pavan, wobei die beiden letzteren als die zwei massgebenden Theologen gelten dür-

---

[1] Walter Kasper, Religionsfreiheit als theologisches Problem, in: Johannes Schwartländer (Hrsg.), Freiheit der Religion. Christentum und Islam unter dem Anspruch der Menschenrechte, Mainz 1993, 210–229, 220.

fen, die die Verfassungslösung vertraten. Diese sollte sich am Schluss durchsetzen, allerdings mit wesentlichen Ergänzungen.

Den *entscheidenden Fortschritt* brachte ein kurzer Artikel des amerikanischen Theologen und Philosophen John Courtney Murray SJ: «Die Religionsfreiheit. Die Stellungnahme des amerikanischen Episkopats.»[2] Seine Hauptthese lautet: Die Religionsfreiheit ist nicht nur ein ethisches oder moralisches Problem, sie ist ein Problem der Verfassung. Gemäss der amerikanischen Verfassung gilt der Grundsatz der Nichtzuständigkeit der politischen Autorität in Sachen Religion. Die politische Autorität würde ihre Zuständigkeit überschreiten, würde sie eine Religion als wahr und eine andere als falsch bezeichnen. Walter Kasper bezeichnet die in diesem Artikel zum Ausdruck kommende Position als den entscheidenden Beitrag der nordamerikanischen Kirche und Theologie zum Konzil insgesamt.[3]

Mit dem *Titel* «Erklärung über die Religionsfreiheit» wird die traditionelle Toleranzidee überschritten. Die Würde der menschlichen Person (lateinisch: Dignitatis humanae) steht im Mittelpunkt.

Der *Untertitel* lautet: «Das Recht der Person und der Gemeinschaft auf gesellschaftliche und bürgerliche Freiheit in religiösen Dingen.» Es geht um ein Problem des modernen Verfassungsstaates. Der Staat wird nicht mehr so verstanden, dass er die richtige Religion verteidigt. Der Staat soll die Freiheit und die Würde des Menschen respektieren. «Die Staatsgewalt muss also durch gerechte Gesetze und durch andere geeignete Mittel den Schutz der religiösen Freiheit aller Bürger wirksam und tatkräftig übernehmen und für die Forderung des religiösen Lebens günstige Bedingungen schaffen» (DH 6).

---

[2] In: Amerika, 30. November 1963. Vgl. dazu Reinhold Sebott, Religionsfreiheit und Verhältnis von Kirche und Staat. Der Beitrag John Courney Murrays zu einer modernen Frage (Analecta Gregoriana, Bd. 206, Sectio B 40), Rom 1977.

[3] Walter Kasper, Wahrheit und Freiheit. Die Erklärung über die Religionsfreiheit des II. Vatikanischen Konzils, vorgetragen am 28. November 1987 (Sitzungsberichte der Heidelberger Akademie der Wissenschaften, Philosophisch-historische Klasse 1988/4), Heidelberg 1988, 21.

Die Konzilserklärung betont die *Verpflichtung des Menschen, die Wahrheit zu suchen,* ihr zu folgen und an ihr festzuhalten (DH 1). Die Religionsfreiheit sei darum auf die Würde der Person gegründet, welche ihre Verpflichtung gegenüber der Wahrheit nur in der ihrem Wesen entsprechenden Weise, nämlich in Freiheit, nachkommen kann (DH 2). Die Wahrheit muss also auf eine Weise gesucht werden, welche der Würde der menschlichen Person entspricht; sie kann nur durch die Vermittlung des Gewissens erkannt und anerkannt werden (DH 3). Dies gilt auch vom Glauben, der seiner Natur nach ein freier Akt ist, was jede Art von Zwang von Seiten der Menschen ausschliesst (DH 10). «Gott ruft die Menschen zu seinem Dienst im Geiste und in der Wahrheit, und sie werden deshalb durch diesen Ruf im Gewissen verpflichtet, aber nicht gezwungen» (DH 11).

Die Innerlichkeit des religiösen Aktes und die Freiheit des Glaubens begründen die Nichtzuständigkeit staatlicher Institutionen. Aus diesen beiden Argumenten ergibt sich die Lehre von der recht verstandenen *Autonomie der irdischen Wirklichkeiten* (GS 36; 41; 56). Gemeint ist damit keine absolute Autonomie im Sinn des Rationalismus und Liberalismus des 18. und 19. Jahrhunderts, vielmehr eine relative Autonomie, welche in der Schöpfung begründet ist. «Mit dieser Lehre ist der früher oft vertretene Integralismus, also jener religiöse Totalitarismus, der aus dem Glauben (allein) die Antwort auf alle Fragen des privaten und öffentlichen Lebens entnehmen will, endgültig überwunden.»[4] Die Kirche erklärt nicht nur den Staat für unzuständig im religiösen Bereich; sie versteht auch sich selbst als nicht zuständig für die Fragen der weltlichen Ordnung. Deshalb können Christinnen und Christen in den politischen, sozialen und kulturellen Fragen «auf der Grundlage des gemeinsamen christlichen Glaubens und unter gegenseitiger Achtung zu unterschiedlichen Lösungen kommen (GS 43; 74–76).»[5]

---

[4] Kasper, Religionsfreiheit (Anm.1), 223.
[5] Ebd.

Die Bedeutung der Konzilserklärung

1. Politische und rechtliche Bedeutung: Die eigentliche Bedeutung der Erklärung über die Religionsfreiheit liegt in der feierlichen Feststellung, dass der Mensch ein Recht auf religiöse Freiheit hat. Dies macht eine konstruktive Begegnung der Kirche mit den demokratischen Rechtsstaaten erst möglich. Damit ist ein neues Kapitel in der Geschichte des Verhältnisses von Kirche und Staat aufgeschlagen worden; die lange dauernde Konstantinische Epoche ist abgeschlossen.

2. Geistesgeschichtliche und theologische Bedeutung: Die Erklärung ging von der Würde der menschlichen Person aus. Damit liess sie sich auf die anthropologische Wende der Neuzeit ein. «Sie integrierte diese aber in ... schöpferischer Weise ins Ganze der eigenen theologischen Tradition. Diese Vermittlung war theologisch bestens vorbereitet: einerseits durch die französische ... nouvelle théologie, besonders durch Henri de Lubac, ... in der deutschen Theologie vor allem durch Karl Rahner und seine ... neuzeitliche relecture des Thomismus.»[6]

Damit ist der Übergang von der neuscholastischen zur personalistischen Theologie angezeigt. Dieser Übergang des Konzils wird vom Salzburger Philosophen und Rektor der Universität Heinrich Schmidinger als wichtigster und fundamentalster Paradigmenwechsel im Katholizismus gewertet.[7]

3. Innerkirchliche Bedeutung: Die Erklärung hat Fragen angeregt, welche ein ganzes theologisches und kirchenrechtliches Programm beinhalten. Im Rahmen einer Theologie der Freiheit und im Rahmen der Frage der «Menschenrechte in den Religionen» gilt es diese Herausforderung des Konzils aufzugreifen. In Zukunft wird man auch in der Kirche nicht mehr theologisch verantwortet von Wahrheit reden können, ohne gleichzeitig die Freiheit mitzuden-

---

[6] Kasper, Wahrheit (Anm. 3), 36.
[7] Heinrich Schmidinger, Von der Substanz zur Person, in: Theologisch-Praktische Quartalschrift 142 (1994) 283–394.

ken. Gemäss der Konzilserklärung gilt die Religionsfreiheit nur im Rahmen der Friedens- und Freiheitsordnung des Staates, nicht aber im Rahmen der Wahrheitsordnung der Kirche. Dennoch muss innerkirchliche Freiheit keineswegs dem Konzept der Religionsfreiheit widersprechen, vorausgesetzt, dass sie von der Kirche selber eingeräumt und nicht vom Staat aufoktroyiert ist.

Die Konzilserklärung bekennt sich zum Recht eines jeden Menschen auf Religionsfreiheit (DH 2, 3, 10). Im geltenden Kirchenrecht ist dieses Recht auch als innerkirchliches Recht umschrieben worden (can. 748 § 2 CIC 1983), wenngleich nicht in der uneingeschränkten Form wie in der Konzilserklärung.[8]

Die Pastoralkonstitution des Konzils hat die personale Eigenverantwortung auch in der Kirche klar hervorgehoben: «Die Würde des Menschen verlangt, dass er in bewusster und freier Wahl handle, das heisst personal, von innen her bewegt und geführt und nicht unter blindem Drang oder unter bloss äusserem Zwang» (GS 17).

Papst Paul VI. liess keinen Zweifel daran, dass das kirchliche Eintreten zu Gunsten der Menschenrechte nach aussen eine Selbstprüfung der Kirche nach innen zur Folge haben muss. «Aus ihrer eigenen Erfahrung weiss die Kirche, dass ihr Einsatz für die Förderung der Menschenrechte eine ständige Selbstüberprüfung und Reinigung ihres eigenen Lebens, ihrer Gesetze, Institutionen und Planungen verlangt.»[9]

So möchte ich schliessen mit einem Bekenntnis von Johannes XXIII., der bis in seine Spiritualität hinein menschenrechtlich zu denken begonnen hat und die Erklärung der Religionsfreiheit erst ermöglicht hat. In seinen letzten Lebenswochen schreibt sein persönlicher Mitarbeiter folgendes Gespräch auf: Es kommt «mir spontan in den Sinn, den Akt des Glaubens zu erneuern. ... Mehr denn je, bestimmt mehr als in den letzten Jahrhunderten, sind wir heute darauf ausgerichtet, dem Menschen als solchem zu dienen,

---

[8] Hier konnte schon die Erklärung an die kirchenrechtliche Tradition anschliessen, die Freiheit als eine Grundvoraussetzung des Glaubens anerkennt. Corpus iuris canonici c. 23 q. 5 c. 33 (ed. Friedberg, col. 939); CIC/1917 can. 1351; CIC/1983 can. 748.

[9] Papst Paul VI., Wort und Weisung im Jahr 1974, Città del Vaticano o. J., 357.

nicht bloss den Katholiken, darauf, in erster Linie und überall die Rechte der menschlichen Person und nicht nur diejenige der katholischen Kirche zu verteidigen. ... [Der Augenblick ist gekommen], die Zeichen der Zeit zu erkennen, die von ihnen gebotenen Möglichkeiten zu ergreifen und in die Zukunft zu blicken.» [10]

---

[10] Deutsch zitiert nach: Ludwig Kaufmann/Nikolaus Klein, Johannes XXIII. Prophetie im Vermächtnis, Fribourg/Brig 1990, 24–25.

Autoren

Toni Bernet-Strahm, Dr. theol., Jahrgang 1948, Leiter des Romero-Hauses Luzern. E-mail: leitung@romerohaus.ch

Daniel Kosch, Dr. theol., Jahrgang 1958, Generalsekretär der Römisch-katholischen Zentralkonferenz der Schweiz (RKZ). E-mail: rkz@kath.ch

Adrian Loretan-Saladin, Dr. iur. can. et lic. theol., Jahrgang 1959, Professor für Kirchenrecht und Staatskirchenrecht an der Universität Luzern. E-mail: adrian.loretan@unilu.ch

Giusep Nay, Dr. iur., Jahrgang 1942, Präsident des Schweizerischen Bundesgerichts, Lausanne. E-mail: g.nay@bluewin.ch